Einstern

Mathematik für Grundschulkinder

2

Themenheft 2

Zahlen und Operationen
Plus- und Minusaufgaben
mit Einern
Sachsituationen

Größen und Messen
Kalender

Erarbeitet von
Roland Bauer
Jutta Maurach

In Zusammenarbeit
mit der
Cornelsen Redaktion
Grundschule

Cornelsen

Mathematik für Grundschulkinder
Themenheft 2

Zahlen und Operationen
Plus- und Minusaufgaben mit Einern
Sachsituationen

Größen und Messen
Kalender

Erarbeitet von: Roland Bauer, Jutta Maurach

unter Beratung von: Meike Erben, Claudia Wendl (Straubing);
Andrea Heindl, Mechtild Schmidt, Tanja Trompetter (Hof);
Andrea Koch, Ulrike Schmucker (Schrobenhausen);
Evelyn Leipold, Katrin Mayer (Bruckmühl-Heufeld);
Anissa Marino, Elke Weidl (Bayreuth);
Claudia Lihring, Alexandra Parzefall (Bach a. d. Donau)

Redaktion: Peter Groß, Anja Augustin, Uwe Kugenbuch, Friederike Thomas

Layout und technische Umsetzung: lernsatz.de

Illustration: Yo Rühmer

Umschlaggestaltung: Ulrike Kuhr

 Pflichtseiten

 Wahlseiten

 Handlungshinweis

 besprechen mit einem Partner

 besprechen in der Gruppe
Weitere Hinweise für die Lehrkraft befinden sich
auf der hinteren (inneren) Umschlagseite.

Aufgaben mit unterschiedlichen Anforderungsniveaus:

 ausrechnen, ausführen, wiedergeben

 Teilaufgabe mit erhöhter Anforderung

 erkennen, fortsetzen, anwenden

 Lösungswege selbst entwickeln, darstellen, begründen und übertragen

→ AH Seite … Hinweis auf die passende Seite im Arbeitsheft

 Aufgaben, die du in deinem Heft löst

www.cornelsen.de

1. Auflage, 9. Druck 2023

Alle Drucke dieser Auflage sind inhaltlich unverändert
und können im Unterricht nebeneinander verwendet werden.

© 2014 Cornelsen Schulverlage GmbH, Berlin
© 2018 Cornelsen Verlag GmbH, Berlin

Druck: Esser printSolutions GmbH, Bretten

ISBN 978-3-06-083467-9
ISBN 978-3-06-080233-3 (E-Book: alle Themenhefte Einstern 2)

PEFC-zertifiziert
Dieses Produkt
stammt aus
nachhaltig
bewirtschafteten
Wäldern und
kontrollierten Quellen
www.pefc.de

PEFC/04-31-2851

Inhaltsverzeichnis

Ich bin
Einstern …

… und ich helfe dir:

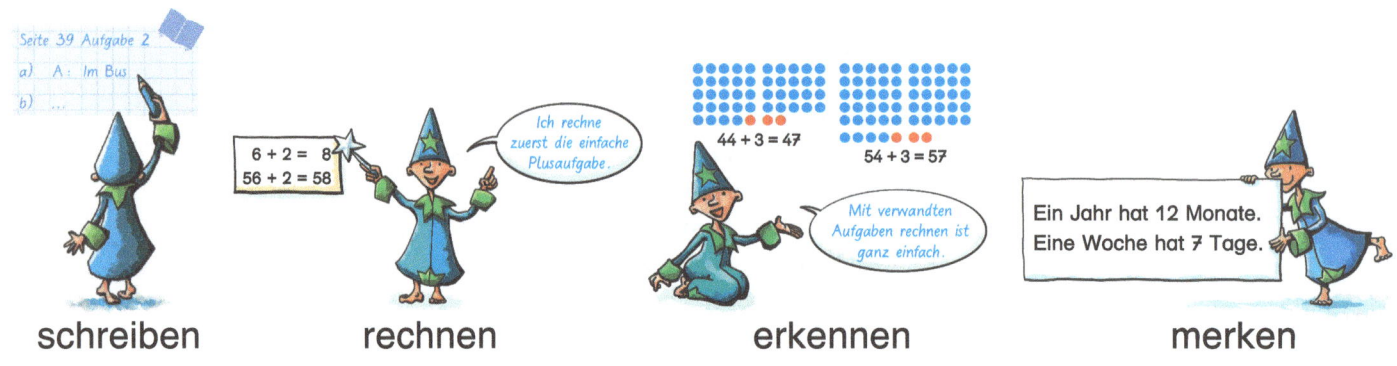

schreiben   rechnen   erkennen   merken

Plusaufgaben bis 10 wiederholen und üben

 1 Übe mit einem anderen Kind zusammen die Plusaufgaben bis 10.

2 Löse und setze fort. Was fällt dir auf?

a) 5 + 5 = ⬜
   6 + 4 = ⬜
   7 + 3 = ⬜
   🟨⚫🟨⚫🟨
   🟨⚫🟨⚫🟨

b) 3 + 3 = 🟨
   3 + 4 = 🟨
   3 + 5 = 🟨
   🟨⚫🟨⚫🟨
   🟨⚫🟨⚫🟨

> Seite 5 Aufgabe 2
> a) 5 + 5 = 1 0   b) ...
>   6 + 4 = ...
>   ⋮

c) 4 + 6 = 🟨
   4 + 5 = 🟨
   4 + 4 = 🟨
   🟨⚫🟨⚫🟨
   🟨⚫🟨⚫🟨

d) 4 + 0 = 🟨
   5 + 1 = 🟨
   6 + 2 = 🟨
   🟨⚫🟨⚫🟨
   🟨⚫🟨⚫🟨

3 Ergänze die passenden Zahlen und setze fort. Was fällt dir auf?

a) 2 + ⬜ = 7
   3 + ⬜ = 7
   4 + ⬜ = 7
   🟨⚫🟨⚫🟨
   🟨⚫🟨⚫🟨

b) 🟨 + 4 = 9
   🟨 + 5 = 9
   🟨 + 6 = 9
   🟨⚫🟨⚫🟨
   🟨⚫🟨⚫🟨

> Seite 5 Aufgabe 3
> a) 2 + 5 = 7   b) ...
>   3 + ... = 7
>   ⋮

 4 Was fällt dir bei Aufgabe **2** und **3** auf?
Besprich mit einem anderen Kind, wie sich die Zahlen
in der Rechnung und im Ergebnis verändern.

★ wenden die Zahlensätze des Einspluseins bis 20 automatisiert an
★ kontrollieren gegenseitig die Ergebnisse
★ verwenden mathematische Fachbegriffe und Zeichen richtig

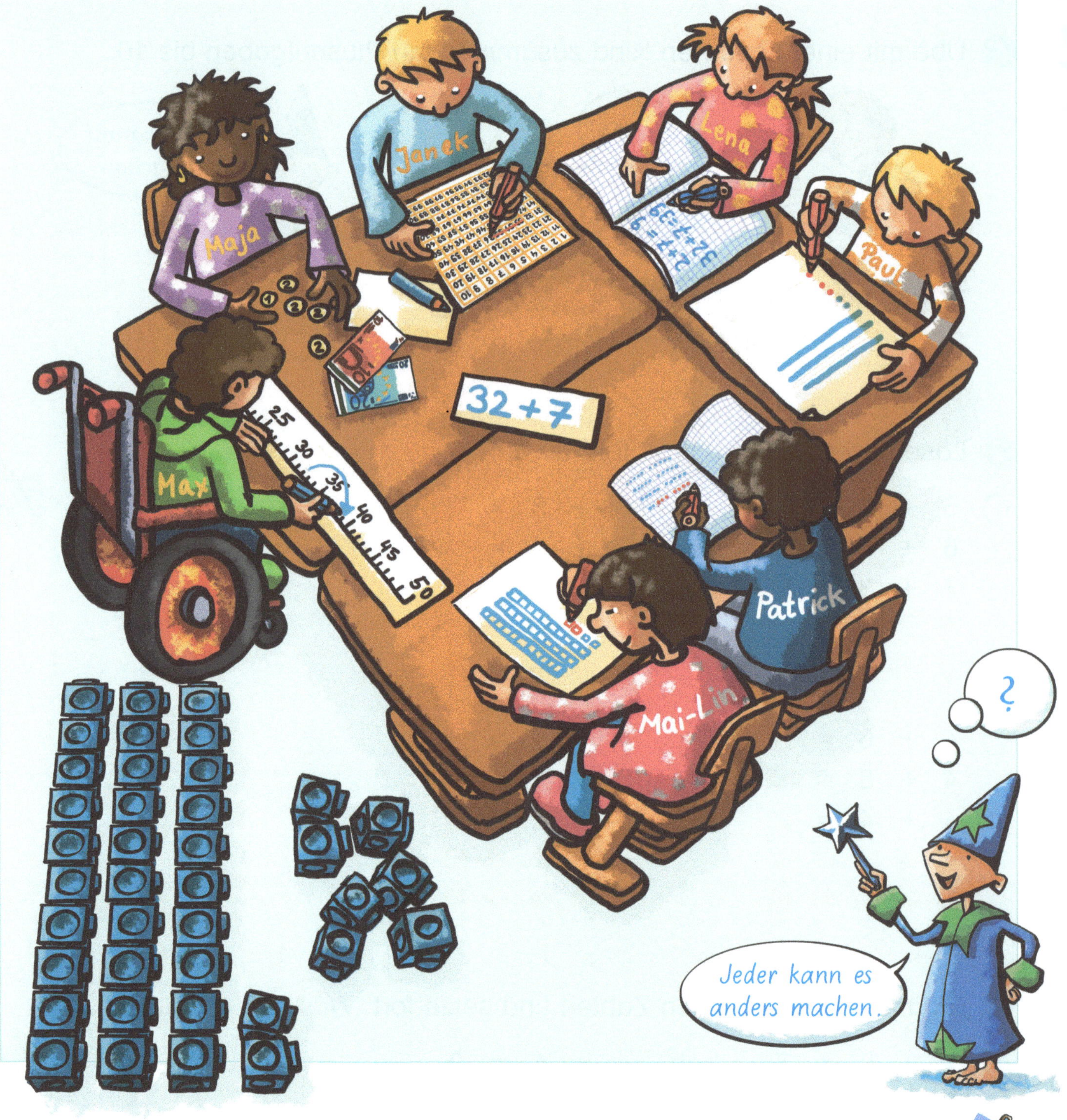

1 Löse die Aufgabe 32 + 7.
Probiere wie die Kinder verschiedene
Hilfsmittel aus.

Seite 6 Aufgabe 1
...

2 Entscheide, mit welchen Hilfsmitteln
du die Aufgabe lösen kannst.
Vergleiche mit anderen Kindern.

 ★ führen Zahldarstellungen ineinander über
★ entwickeln und nutzen ihre Rechenwege mit geeigneten Darstellungsformen und stellen diese anderen vor

Plusaufgaben zeichnen und lösen

1 Suche dir ein anderes Kind.
Legt die Aufgaben mit Steckwürfeln und zeichnet Rechenbilder.

43 + 3	62 + 5
24 + 4	51 + 7
35 + 3	82 + 6
93 + 6	73 + 4

43 + 3 = 46

2 Schreibe zu jedem Rechenbild die Plusaufgabe.

a)    b)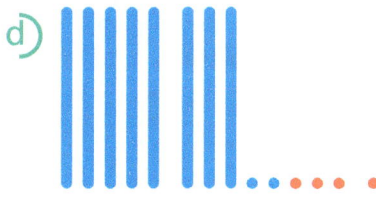

Seite 7 Aufgabe 2

a)   4 3 + 3 = 4 6   b) ...

c)    d)

e)    f)

g)   h)

3 Zeichne Rechenbilder und löse die Aufgaben.

a) 31 + 4 = ▢   b) 43 + 5 = ▢

c) 24 + 3 = ▢   d) 62 + 6 = ▢

e) 71 + 5 = ▢   f) 55 + 3 = ▢

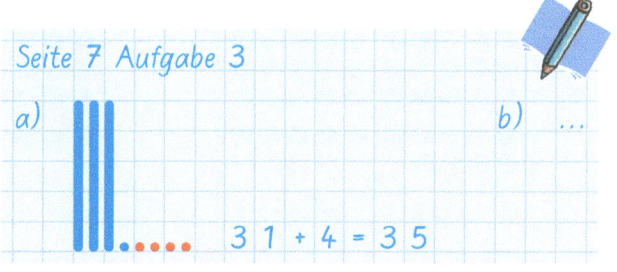
Seite 7 Aufgabe 3

a)   b) ...

3 1 + 4 = 3 5

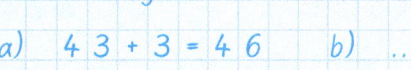

★ führen Zahldarstellungen ineinander über
★ wechseln zwischen verschiedenen Darstellungsformen
★ übertragen ihre bisherigen Kenntnisse und Vorgehensweisen auf den erweiterten Zahlenraum

1 Schreibe zu den Punktebildern passende verwandte Aufgabenpaare (kleine Aufgabe, große Aufgabe).

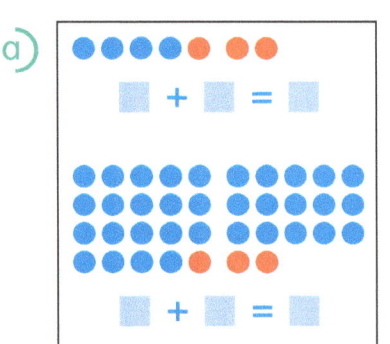

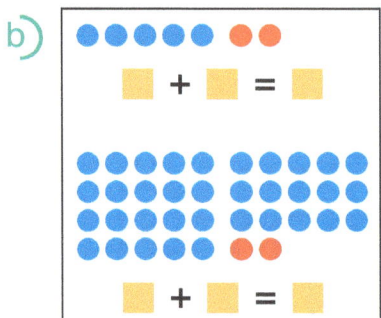

Seite 8 Aufgabe 1

a) 4 + 3 = 7   b) ...

   3 4 + 3 = 3 7

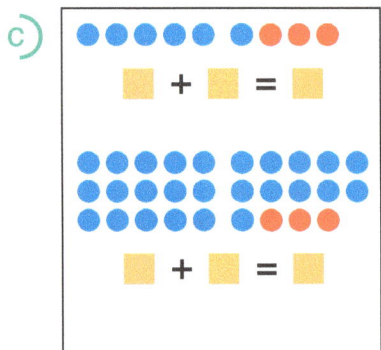

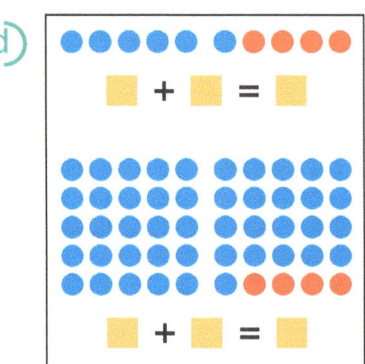

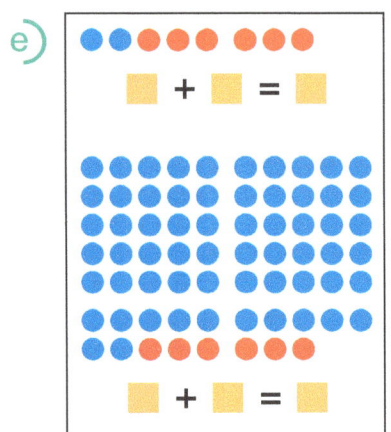

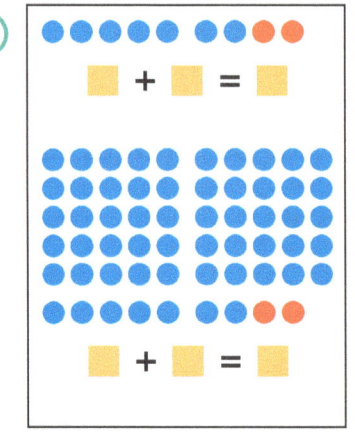

★ führen Zahldarstellungen ineinander über
★ übertragen ihre bisher bekannten Vorgehensweisen auf verwandte Plusaufgaben
★ erkennen und beschreiben verwandte Plusaufgaben und verwenden dabei mathematische Fachbegriffe

Verwandte Plusaufgaben lösen

1 Löse verwandte Aufgabenpaare. Finde selbst weitere.

a) $5 + 4 = $ ☐
$45 + 4 = $ ☐

b) $7 + 1 = $ ☐
$87 + 1 = $ ☐

c) $6 + 4 = $ ☐
$76 + 4 = $ ☐

d) $1 + 6 = $ ☐
$51 + 6 = $ ☐

e) ☐ $+$ ☐ $= $ ☐
☐ $+$ ☐ $= $ ☐

f) ☐ $+$ ☐ $= $ ☐
☐ $+$ ☐ $= $ ☐

> Seite 9 Aufgabe 1
>
> a)　　$5 + 4 = $ 　9　　b) ...
>
> 　　　$45 + 4 = 49$

2 Rechne verwandte Aufgaben. Finde selbst weitere.

a) $4 + 2 = $ ☐
$14 + 2 = $ ☐
$34 + 2 = $ ☐
$64 + 2 = $ ☐

b) $1 + 7 = $ ☐
$21 + 7 = $ ☐
$51 + 7 = $ ☐
$91 + 7 = $ ☐

c) ☐ $+$ ☐ $= $ ☐
☐ $+$ ☐ $= $ ☐
☐ $+$ ☐ $= $ ☐
☐ $+$ ☐ $= $ ☐

> Seite 9 Aufgabe 2
>
> a)　　$4 + 2 = $ 　6　　b) ...
>
> 　　　　　⋮

3 Finde zu jeder Aufgabe zwei verwandte Aufgaben.

a) $3 + 6 = 9$
☐ $+$ ☐ $= $ ☐
☐ $+$ ☐ $= $ ☐

b) $2 + 4 = 6$
☐ $+$ ☐ $= $ ☐
☐ $+$ ☐ $= $ ☐

c) $1 + 5 = 6$
☐ $+$ ☐ $= $ ☐
☐ $+$ ☐ $= $ ☐

$43 + 6 = 49$
$63 + 6 = 69$
oder ...

> Seite 9 Aufgabe 3
>
> a)　　$3 + 6 = $ 　9　　b) ...
>
> 　　　$43 + 6 = 49$
>
> 　　　$63 + 6 = 69$

d) $5 + 4 = 9$
☐ $+$ ☐ $= $ ☐
☐ $+$ ☐ $= $ ☐

e) $4 + 3 = 7$
☐ $+$ ☐ $= $ ☐
☐ $+$ ☐ $= $ ☐

f) $3 + 5 = 8$
☐ $+$ ☐ $= $ ☐
☐ $+$ ☐ $= $ ☐

4 Erstelle verwandte Zahlenhäuser.

a)
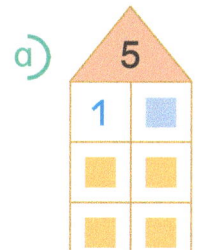

b)

> Seite 9 Aufgabe 4
>
> a)　1|4　　2 1|4　　b) ...
>
> 　　⋮　　　⋮

★ stellen Vermutungen über den Zusammenhang von verwandten Plusaufgaben an und bestätigen diese durch Beispiele
★ übertragen ihre Fertigkeiten im schnellen Kopfrechnen auf verwandte Plusaufgaben im erweiterten Zahlenraum
★ erkennen Strukturen von Aufgabenreihen und setzen diese fort

→ AH Seite 14

Kleine Aufgaben bei Plusaufgaben als Rechenhilfe nutzen

6 + 2 = 8
66 + 2 = 68

Ich rechne zuerst die kleine Aufgabe.

1 Suche und berechne zuerst die kleine Aufgabe.
Schreibe beide Aufgaben auf.

a) 66 + 2 = ☐   b) 73 + 3 = ☐

c) 92 + 5 = ☐   d) 54 + 3 = ☐

e) 41 + 6 = ☐   f) 56 + 4 = ☐

g) 62 + 6 = ☐   h) 83 + 4 = ☐

i) 75 + 5 = ☐   k) 34 + 2 = ☐

Seite 10 Aufgabe 1

a)   6 + 2 =   8   b)   ...
        6 6 + 2 = 6 8

2 Berechne zuerst die kleine Aufgabe im Kopf.
Löse dann die Aufgabe.

a) 85 + 2 = ☐   b) 32 + 7 = ☐
   64 + 3 = ☐   93 + 4 = ☐
   57 + 2 = ☐   74 + 5 = ☐
   42 + 6 = ☐   52 + 4 = ☐
   75 + 4 = ☐   46 + 3 = ☐

c) 82 + 8 = ☐   d) 33 + 6 = ☐
   23 + 7 = ☐   55 + 3 = ☐
   41 + 8 = ☐   34 + 6 = ☐
   64 + 4 = ☐   72 + 7 = ☐
   93 + 5 = ☐   94 + 2 = ☐

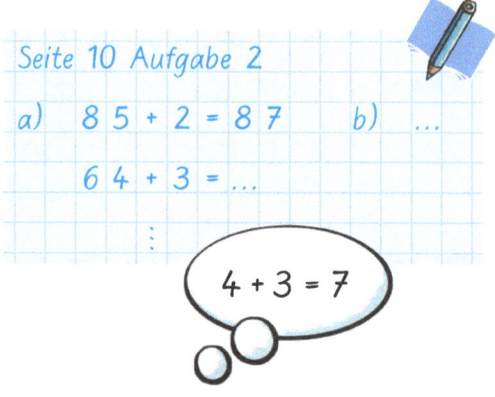

Seite 10 Aufgabe 2

a)   8 5 + 2 = 8 7   b)   ...
        6 4 + 3 = ...

4 + 3 = 7

★ vollziehen die Gleichartigkeit von großen und kleinen Plusaufgaben nach
   und übertragen sie bei der Lösung von Aufgaben im erweiterten Zahlenraum
★ übertragen ihre Kenntnisse des Einspluseins bis 20 auf verwandte Aufgaben im erweiterten Zahlenraum

→ AH Seite 15

1 Schreibe zu jeder Blume fünf Plusaufgaben auf und löse sie.

a)

b)

Seite 11 Aufgabe 1

a)   4 3 + 3 = 4 6   b)   ...

     4 3 + 2 = ...

              ⋮

c)

d)

2 Setze die Aufgabenreihen fort.

a) 71 + 8 = ▢
   71 + 7 = ▢
   71 + 6 = ▢
   ▢ + ▢ = ▢
   ▢ + ▢ = ▢
   ▢ + ▢ = ▢

b) 62 + 2 = ▢
   62 + 3 = ▢
   62 + 4 = ▢
   ▢ + ▢ = ▢
   ▢ + ▢ = ▢
   ▢ + ▢ = ▢

Seite 11 Aufgabe 2

a)   7 1 + 8 = 7 9   b)   ...

     7 1 + 7 = ...

              ⋮

c) 67 + 2 = ▢
   66 + 3 = ▢
   65 + 4 = ▢
   ▢ + ▢ = ▢
   ▢ + ▢ = ▢
   ▢ + ▢ = ▢

d) 51 + 7 = ▢
   52 + 6 = ▢
   53 + 5 = ▢
   ▢ + ▢ = ▢
   ▢ + ▢ = ▢
   ▢ + ▢ = ▢

3 Betrachte, wie sich in Aufgabe **2** in den einzelnen Reihen
die Ergebnisse verändern. Überlege, warum das so ist.
Besprich deine Überlegungen mit einem anderen Kind.

1 Übe mit einem anderen Kind zusammen die Minusaufgaben bis 10.

2 Löse und setze fort.

a)
6 − 1 = ☐
7 − 2 = ☐
8 − 3 = ☐

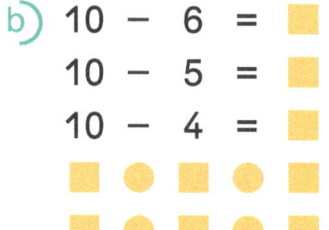

b)
10 − 6 = ☐
10 − 5 = ☐
10 − 4 = ☐

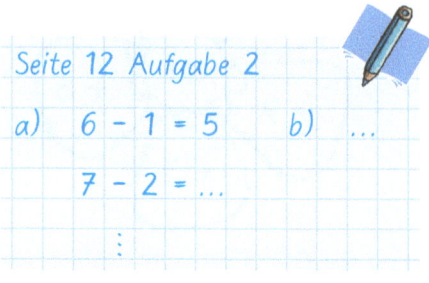

Seite 12 Aufgabe 2
a) 6 - 1 = 5   b) ...
7 - 2 = ...
⋮

c)
9 − 5 = ☐
8 − 5 = ☐
7 − 5 = ☐

d)
9 − 8 = ☐
9 − 7 = ☐
9 − 6 = ☐

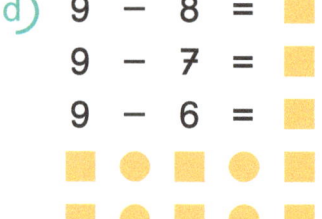

e)
5 − 5 = ☐
4 − 4 = ☐
3 − 3 = ☐

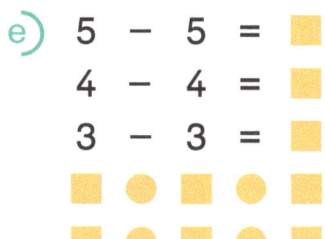

f)
8 − 0 = ☐
8 − 2 = ☐
8 − 4 = ☐

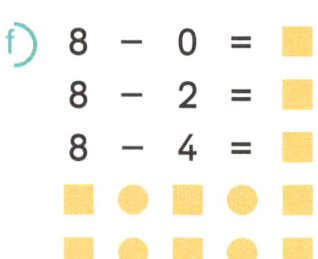

3 Ergänze die passenden Zahlen und setze fort. Was fällt dir auf?

a)
7 − ☐ = 5
7 − ☐ = 4
7 − ☐ = 3

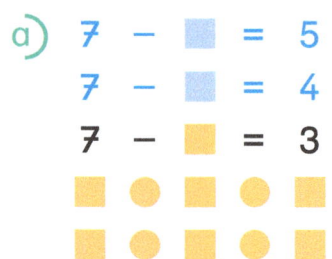

b)
5 − ☐ = 3
6 − ☐ = 3
7 − ☐ = 3

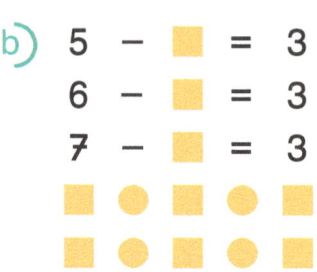

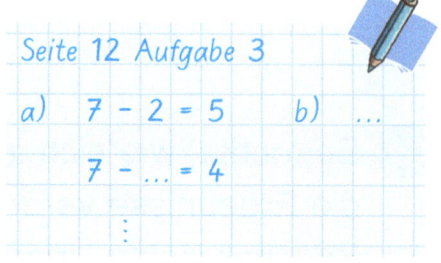

Seite 12 Aufgabe 3
a) 7 - 2 = 5   b) ...
7 - ... = 4
⋮

✶ wenden die Zahlensätze des Einspluseins bis 20 automatisiert an
✶ kontrollieren gegenseitig die Ergebnisse
✶ verwenden mathematische Fachbegriffe und Zeichen richtig

Verschiedene Möglichkeiten kennenlernen

Jeder kann es anders machen.

 1 Löse die Aufgabe 36 – 4.
Probiere wie die Kinder verschiedene
Hilfsmittel aus.

Seite 13 Aufgabe 1

...

2 Entscheide, mit welchen Hilfsmitteln
du die Aufgabe lösen kannst.
Vergleiche mit anderen Kindern.

1 Suche dir ein anderes Kind.
Legt die Aufgaben mit Steckwürfeln und zeichnet Rechenbilder.

38 – 3 = 35

38 – 3	79 – 6	29 – 7
87 – 4	49 – 8	97 – 6
68 – 2	56 – 5	36 – 4

2 Schreibe zu jedem Rechenbild die Minusaufgabe.

a)

b)

Seite 14 Aufgabe 2
a)   3 8 – 3 = 3 5   b)   ...

c)

d)

e)

f)

g)

h)

3 Zeichne Rechenbilder und löse die Aufgaben.

a) 45 – 2 = ☐   b) 67 – 5 = ☐

c) 84 – 3 = ☐   d) 98 – 3 = ☐

e) 56 – 4 = ☐   f) 29 – 6 = ☐

Seite 14 Aufgabe 3
a)   b)   ...

4 5 – 2 = 4 3

★ führen Zahldarstellungen ineinander über
★ wechseln zwischen verschiedenen Darstellungsformen
★ übertragen ihre bisherigen Kenntnisse und Vorgehensweisen auf den erweiterten Zahlenraum

Verwandte Minusaufgaben kennenlernen

8 – 3 = 5
18 – 3 = 15
28 – 3 = 25
38 – 3 = 35
48 – 3 = 45
58 – 3 = 55

Mit verwandten Aufgaben rechnen ist ganz einfach.

1 Schreibe zu den Punktebildern passende verwandte Aufgabenpaare (kleine Aufgabe, große Aufgabe).

a)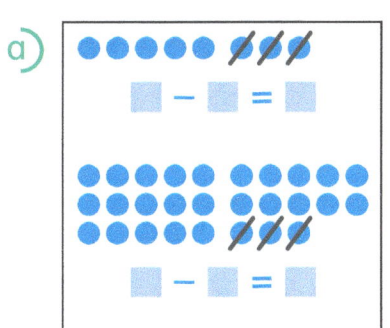

b)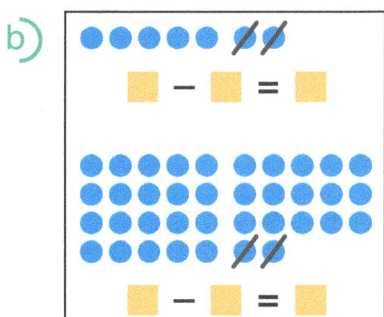

Seite 15 Aufgabe 1

a)   8 – 3 =   5   b)   ...

      2 8 – 3 = 2 5

c)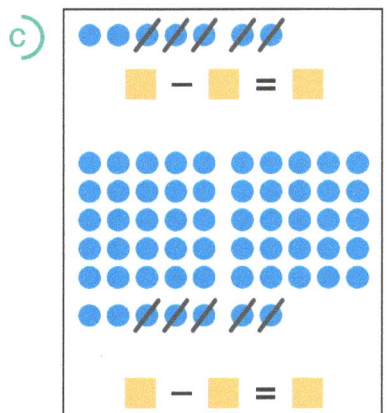

d)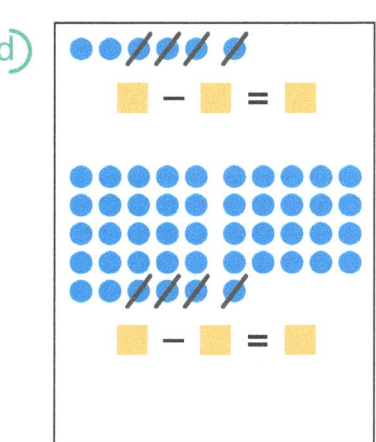

e)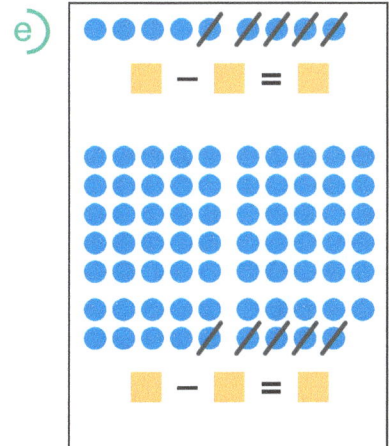

f)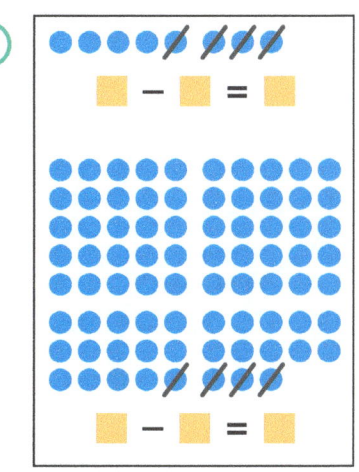

★ führen Zahldarstellungen ineinander über
★ übertragen ihre bisher bekannten Vorgehensweisen auf verwandte Aufgaben
★ erkennen und beschreiben verwandte Minusaufgaben und verwenden dabei mathematische Fachbegriffe

15

Verwandte Minusaufgaben lösen

1 Löse verwandte Aufgabenpaare. Finde selbst weitere.

a) 7 − 3 = ☐
   57 − 3 = ☐

b) 6 − 4 = ☐
   76 − 4 = ☐

c) 7 − 4 = ☐
   27 − 4 = ☐

Seite 16 Aufgabe 1
a)   7 − 3 = 4   b) ...
    57 − 3 = 54

d) 8 − 7 = ☐
   38 − 7 = ☐

e) ☐ − ☐ = ☐
   ☐ − ☐ = ☐

f) ☐ − ☐ = ☐
   ☐ − ☐ = ☐

2 Rechne verwandte Aufgaben.

a) 9 − 5 = ☐
   19 − 5 = ☐
   49 − 5 = ☐
   79 − 5 = ☐

b) 5 − 2 = ☐
   25 − 2 = ☐
   75 − 2 = ☐
   85 − 2 = ☐

c) ☐ − ☐ = ☐
   ☐ − ☐ = ☐
   ☐ − ☐ = ☐
   ☐ − ☐ = ☐

Seite 16 Aufgabe 2
a)   9 − 5 = 4   b) ...
       ⋮

3 Ordne die Kärtchen mit verwandten Aufgaben zu.
Schreibe die Aufgaben in dein Heft.

27 − 3 = ☐	38 − 7 = ☐	35 − 3 = ☐
98 − 5 = ☐	74 − 2 = ☐	69 − 6 = ☐
29 − 6 = ☐	18 − 7 = ☐	38 − 5 = ☐
45 − 3 = ☐	67 − 3 = ☐	34 − 2 = ☐

Seite 16 Aufgabe 3
2 7 − 3 = 2 4
6 7 − 3 = 6 4
       ⋮

4 Finde zu jeder Aufgabe zwei verwandte Aufgaben.

a) 7 − 4 = 3
   ☐ − ☐ = ☐
   ☐ − ☐ = ☐

b) 9 − 7 = 2
   ☐ − ☐ = ☐
   ☐ − ☐ = ☐

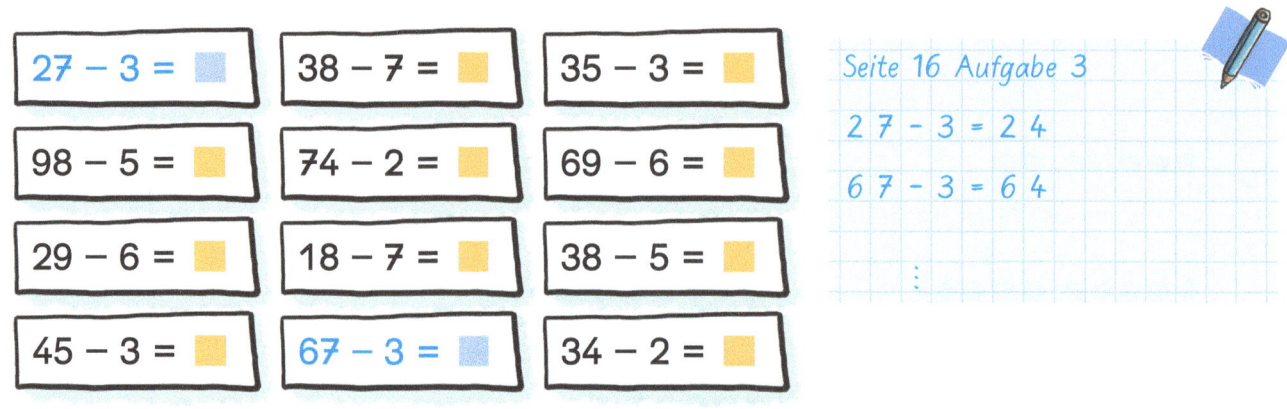

27 − 4 = 23
57 − 4 = 53
oder ...

Seite 16 Aufgabe 4
a)   7 − 4 =   3   b) ...
    2 7 − 4 = 23
    5 7 − 4 = 53

c) 8 − 6 = 2
   ☐ − ☐ = ☐
   ☐ − ☐ = ☐

d) 6 − 3 = 3
   ☐ − ☐ = ☐
   ☐ − ☐ = ☐

e) 7 − 2 = 5
   ☐ − ☐ = ☐
   ☐ − ☐ = ☐

f) 9 − 5 = 4
   ☐ − ☐ = ☐
   ☐ − ☐ = ☐

★ stellen Vermutungen über den Zusammenhang von verwandten Aufgaben an und bestätigen diese durch Beispiele
★ übertragen ihre Fertigkeiten im schnellen Kopfrechnen auf verwandte Aufgaben im erweiterten Zahlenraum
★ erkennen Strukturen von Aufgabenreihen und setzen diese fort

→ AH Seite 16

Kleine Aufgaben bei Minusaufgaben als Rechenhilfe nutzen

1 Suche und berechne zuerst die kleine Aufgabe.
Schreibe beide Aufgaben auf.

a) 87 − 3 = ▢   b) 54 − 2 = ▢

c) 45 − 3 = ▢   d) 39 − 7 = ▢

e) 88 − 5 = ▢   f) 67 − 6 = ▢

g) 55 − 4 = ▢   h) 78 − 6 = ▢

i) 37 − 5 = ▢   k) 26 − 4 = ▢

Seite 17 Aufgabe 1

a)   7 − 3 =   4   b) ...

         8 7 − 3 = 8 4

2 Berechne zuerst die kleine Aufgabe im Kopf.
Löse dann die Aufgabe.

a) 86 − 4 = ▢   b) 43 − 2 = ▢
  69 − 1 = ▢   89 − 7 = ▢
  57 − 5 = ▢   38 − 5 = ▢
  98 − 4 = ▢   74 − 3 = ▢
  47 − 3 = ▢   32 − 0 = ▢

c) 58 − 8 = ▢   d) 66 − 2 = ▢
  77 − 4 = ▢   89 − 8 = ▢
  95 − 3 = ▢   74 − 2 = ▢
  27 − 6 = ▢   37 − 6 = ▢
  48 − 4 = ▢   96 − 3 = ▢

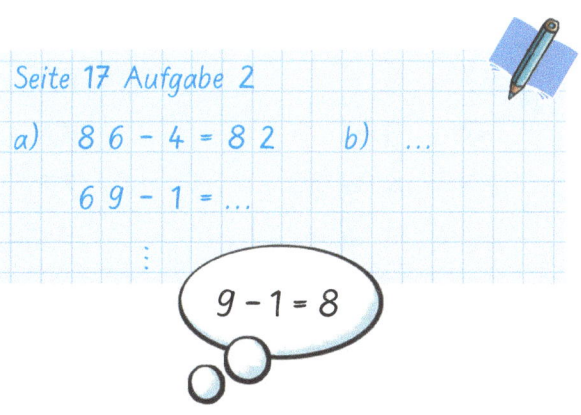

Seite 17 Aufgabe 2

a)   8 6 − 4 = 8 2   b) ...

       6 9 − 1 = ...

          ⋮

9 − 1 = 8

★ vollziehen die Gleichartigkeit von großen und kleinen Minusaufgaben als Hilfe nach
und übertragen diese bei der Lösung von Aufgaben im erweiterten Zahlenraum
→ AH Seite 17   ★ übertragen ihre Kenntnisse des Einspluseins bis 20 auf verwandte Aufgaben im erweiterten Zahlenraum

17

1 Schreibe zu jeder Blume fünf Minusaufgaben auf und löse sie.

a)

b)

Seite 18 Aufgabe 1

a) 6 9 – 2 = 6 7   b) ...

   6 9 – 5 = ...

   ⋮

c)

d)

2 Setze die Aufgabenreihen fort.

a) 89 – 8 = ▧
   89 – 7 = ▧
   89 – 6 = ▧
   ▧ – ▧ = ▧
   ▧ – ▧ = ▧
   ▧ – ▧ = ▧

b) 68 – 1 = ▧
   68 – 2 = ▧
   68 – 3 = ▧
   ▧ – ▧ = ▧
   ▧ – ▧ = ▧
   ▧ – ▧ = ▧

Seite 18 Aufgabe 2

a) 8 9 – 8 = 8 1   b) ...

   8 9 – 7 = ...

   ⋮

c) 57 – 6 = ▧
   57 – 5 = ▧
   57 – 4 = ▧
   ▧ – ▧ = ▧
   ▧ – ▧ = ▧
   ▧ – ▧ = ▧

d) 77 – 2 = ▧
   77 – 3 = ▧
   77 – 4 = ▧
   ▧ – ▧ = ▧
   ▧ – ▧ = ▧
   ▧ – ▧ = ▧

3 Betrachte, wie sich in Aufgabe **2** in den einzelnen Reihen
die Ergebnisse verändern. Überlege, warum das so ist.
Besprich deine Überlegungen mit einem anderen Kind.

★ erkennen die Struktur von Aufgabenreihen und setzen diese fort
★ übertragen ihre Kenntnisse über Nachbaraufgaben auf den erweiterten Zahlenraum

Plus- und Minusaufgaben lösen und kontrollieren

Ich kontrolliere mit der Umkehraufgabe.

85 − 2 = 83
denn
83 + 2 = 85

53 + 4 = 57
denn
57 − 4 = 53

1 Löse die Aufgaben.
Kontrolliere deine Ergebnisse mit der Umkehraufgabe.

a) 53 + 4 = ☐
   35 + 3 = ☐
   94 + 4 = ☐
   73 + 5 = ☐
   61 + 7 = ☐

b) 85 − 2 = ☐
   97 − 3 = ☐
   76 − 2 = ☐
   48 − 5 = ☐
   39 − 6 = ☐

Seite 19 Aufgabe 1

a) 5 3 + 4 = 5 7, denn 5 7 − 4 = 5 3
   ⋮

b) 8 5 − 2 = 8 3, denn 8 3 + 2 = 8 5
   ⋮

2 Kontrolliere die Ergebnisse mit der Umkehraufgabe.
In jedem Päckchen findest du eine falsch gelöste Aufgabe.
Schreibe sie mit dem richtigen Ergebnis auf.

a) 32 + 3 = 35
   44 + 5 = 94
   86 + 4 = 90
   65 + 2 = 67

b) 72 + 6 = 78
   81 + 5 = 86
   35 + 4 = 31
   56 + 3 = 59

Seite 19 Aufgabe 2

a) …, denn …

b) …

c) 89 − 6 = 83
   76 − 5 = 71
   98 − 4 = 94
   75 − 2 = 72

d) 87 − 4 = 83
   38 − 5 = 33
   49 − 3 = 45
   55 − 4 = 51

3 Rechne im Kopf. Schreibe das Ergebnis auf.

a) 32 + 7 − 4 + 2 = ☐
b) 76 − 4 + 5 − 3 = ☐
c) 98 − 5 + 2 + 4 = ☐
d) 84 + 5 − 7 + 4 = ☐
e) 91 + 7 − 3 + 5 = ☐
f) 47 − 2 + 3 − 5 = ☐

Seite 19 Aufgabe 3

a) 3 7   b) …

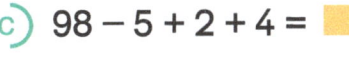 g) Besprich mit einem anderen Kind, wie du gerechnet hast.

★ übertragen ihre Kenntnisse auf den erweiterten Zahlenraum
★ nutzen Umkehraufgaben zur Ergebniskontrolle
★ erproben geschicktes Vorgehen, beschreiben und begründen ihre Vorgehensweise

 1 Übe mit einem anderen Kind zusammen
die Plus- und Minusaufgaben bis 20.

2 Bestimme die fehlenden Zahlen.

a)

Seite 20 Aufgabe 2

a) 2 + 5 = 7   b) ...

   7 + 2 = 9

   5 + 7 = 1 2

b)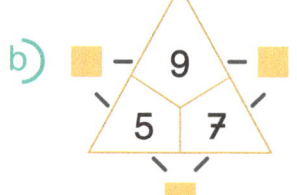

c)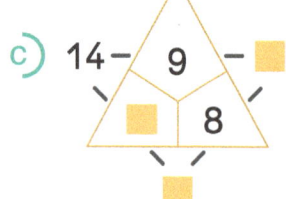

d)

e)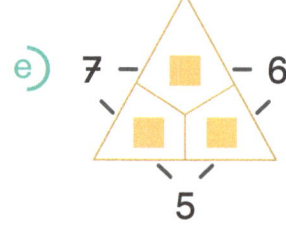

f)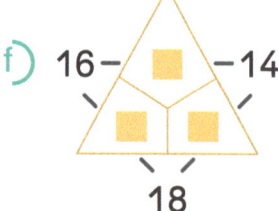

g)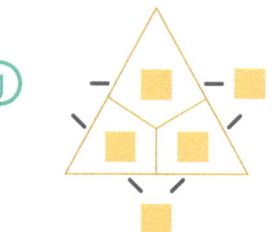

 h) Überlege, wie du beim Lösen vorgegangen bist.
Vergleiche mit einem anderen Kind.

  ∗ wenden die Zahlensätze des Einspluseins bis 20 mit Zehnerübergang automatisiert an
∗ kontrollieren gegenseitig die Ergebnisse, tauschen sich über Strategien aus

Den eigenen Weg finden

1 Löse die beiden Aufgaben 47 + 5 und 32 − 8.
Probiere mindestens 3 verschiedene
Hilfsmittel aus, die du bei den Kindern siehst.

2 Entscheide, mit welchen Hilfsmitteln
du die Aufgaben lösen kannst.
Vergleiche mit anderen Kindern.

Jeder kann es anders machen.

★ führen Zahldarstellungen ineinander über
★ entwickeln, nutzen und begründen ihre Rechenwege mit geeigneten Darstellungsformen und stellen diese vor

 21

Plus- und Minusaufgaben zeichnen und lösen

1 Schreibe zu jedem Rechenbild die Plusaufgabe.
Schreibe die Rechenschritte auf.

a)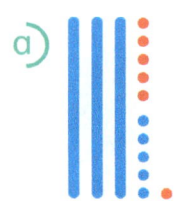

b)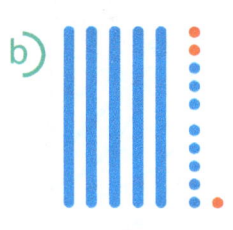

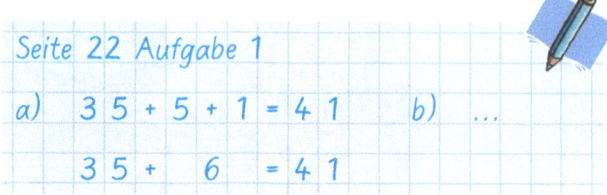

Seite 22 Aufgabe 1

a) 3 5 + 5 + 1 = 4 1   b) ...

   3 5 +   6   = 4 1

c)

d)

2 Zeichne Rechenbilder und löse die Aufgaben.

a) 26 + 7 = ▢

b) 48 + 6 = ▢

c) 54 + 9 = ▢

d) 39 + 5 = ▢

e) 13 + 8 = ▢

f) 67 + 4 = ▢

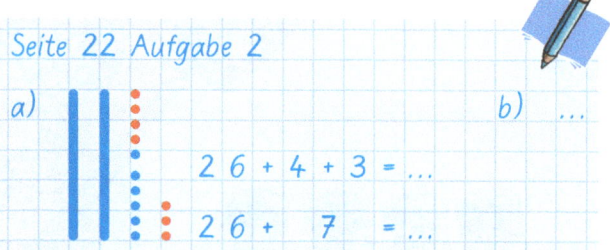

Seite 22 Aufgabe 2

a)   b) ...

   2 6 + 4 + 3 = ...

   2 6 +   7   = ...

3 Schreibe zu jedem Rechenbild die Minusaufgabe.
Schreibe die Rechenschritte auf.

a)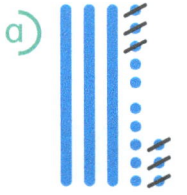

b)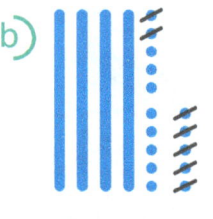

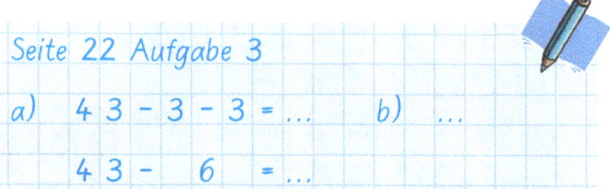

Seite 22 Aufgabe 3

a) 4 3 – 3 – 3 = ...   b) ...

   4 3 –   6   = ...

c)

d)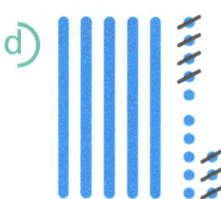

4 Zeichne Rechenbilder und löse die Aufgaben.

a) 24 – 6 = ▢

b) 46 – 8 = ▢

c) 55 – 8 = ▢

d) 71 – 4 = ▢

e) 32 – 7 = ▢

f) 67 – 9 = ▢

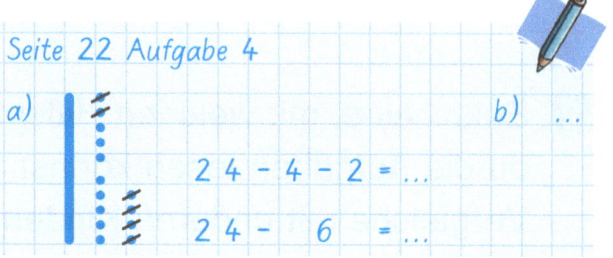

Seite 22 Aufgabe 4

a)   b) ...

   2 4 – 4 – 2 = ...

   2 4 –   6   = ...

22   ∗ führen Zahldarstellungen ineinander über
∗ übertragen ihre bisherigen Kenntnisse und Vorgehensweisen auf den erweiterten Zahlenraum

Plusaufgaben in zwei Schritten lösen

1 Lies die Plusaufgaben am Rechenstrich ab.
Schreibe die Rechenschritte auf.

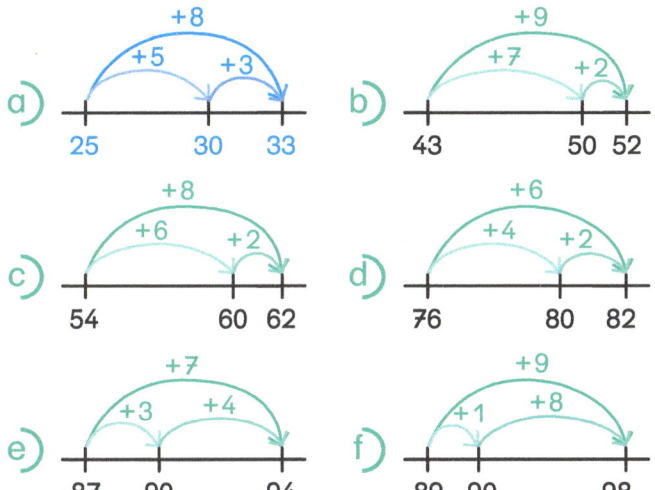

a) +8, +5, +3 — 25 30 33
b) +9, +7, +2 — 43 50 52
c) +8, +6, +2 — 54 60 62
d) +6, +4, +2 — 76 80 82
e) +7, +3, +4 — 87 90 94
f) +9, +1, +8 — 89 90 98

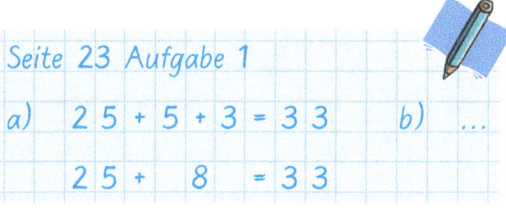

Seite 23 Aufgabe 1
a) 2 5 + 5 + 3 = 3 3   b) ...
    2 5 +   8   = 3 3

2 Finde die beiden Rechenschritte.

a) $47 + 8 = \blacksquare$
   $47 + \blacksquare + \blacksquare = \blacksquare$

b) $56 + 7 = \blacksquare$
   $56 + \blacksquare + \blacksquare = \blacksquare$

c) $65 + 9 = \blacksquare$
   $65 + \blacksquare + \blacksquare = \blacksquare$

d) $67 + 6 = \blacksquare$
   $67 + \blacksquare + \blacksquare = \blacksquare$

e) $73 + 8 = \blacksquare$
   $73 + \blacksquare + \blacksquare = \blacksquare$

f) $88 + 5 = \blacksquare$
   $88 + \blacksquare + \blacksquare = \blacksquare$

g) $24 + 9 = \blacksquare$
   $24 + \blacksquare + \blacksquare = \blacksquare$

h) $35 + 7 = \blacksquare$
   $35 + \blacksquare + \blacksquare = \blacksquare$

Seite 23 Aufgabe 2
a) 4 7 + 3 + 5 = 5 5   b) ...

3 Löse die Plusaufgaben.
Stelle die Rechenschritte wie in Aufgabe ❶ oder ❷ dar.

a) $47 + 6 = \blacksquare$
b) $34 + 8 = \blacksquare$
c) $86 + 7 = \blacksquare$
d) $57 + 5 = \blacksquare$
e) $68 + 5 = \blacksquare$
f) $75 + 7 = \blacksquare$

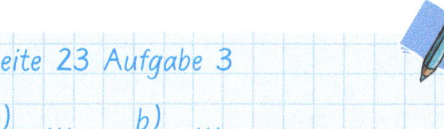

Seite 23 Aufgabe 3
a) ...   b) ...

★ nutzen Rechenstrategien (Rechnen in Schritten) im Zahlenraum bis 100
★ verwenden bei der Darstellung von Lösungswegen geeignete Darstellungsformen

Minusaufgaben in zwei Schritten lösen

1 Lies die Minusaufgaben am Rechenstrich ab.
Schreibe die Rechenschritte auf.

a)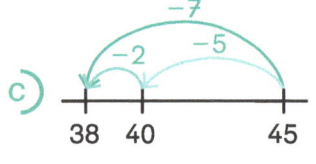

b)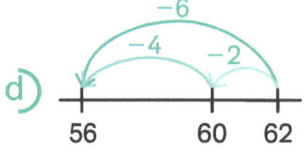

Seite 24 Aufgabe 1

a) 3 3 − 3 − 2 = 2 8   b) ...

   3 3 −   5   = 2 8

c)
$$-7$$
$$-2 \quad -5$$
38 40   45

d)
$$-6$$
$$-4 \quad -2$$
56   60 62

e)
$$-5$$
$$-2 \quad -3$$
68 70   73

f)
$$-9$$
$$-4 \quad -5$$
76   80   85

2 Finde die beiden Rechenschritte.

a) 43 −   8   = ▦
   43 − ▦ − ▦ = ▦

b) 56 −   7   = ▦
   56 − ▦ − ▦ = ▦

Seite 24 Aufgabe 2

a) 4 3 − 3 − 5 = 3 5   b) ...

c) 64 −   6   = ▦
   64 − ▦ − ▦ = ▦

d) 77 −   9   = ▦
   77 − ▦ − ▦ = ▦

e) 85 −   7   = ▦
   85 − ▦ − ▦ = ▦

f) 93 −   4   = ▦
   93 − ▦ − ▦ = ▦

g) 37 −   9   = ▦
   37 − ▦ − ▦ = ▦

h) 72 −   5   = ▦
   72 − ▦ − ▦ = ▦

3 Löse die Minusaufgaben.
Stelle die Rechenschritte wie in Aufgabe **1** oder **2** dar.

a) 53 − 6 = ▦

b) 42 − 8 = ▦

c) 74 − 7 = ▦

d) 35 − 8 = ▦

e) 81 − 5 = ▦

f) 66 − 7 = ▦

Seite 24 Aufgabe 3

a) ...   b) ...

★ nutzen Rechenstrategien (Rechnen in Schritten) im Zahlenraum bis 100
★ verwenden bei der Darstellung von Lösungswegen geeignete Darstellungsformen

Verwandte Plus- und Minusaufgaben zu Punktebildern finden

1 Schreibe zu den Punktebildern verwandte Aufgabenpaare.

a)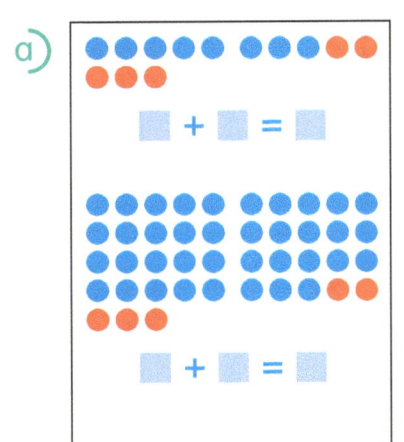
☐ + ☐ = ☐

☐ + ☐ = ☐

b)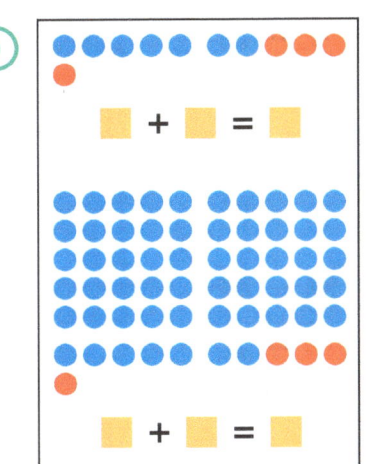
☐ + ☐ = ☐

☐ + ☐ = ☐

Seite 25 Aufgabe 1

a) 8 + 5 = 1 3   b) ...

   3 8 + 5 = 4 3

c)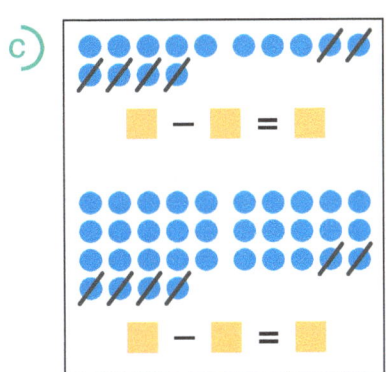
☐ – ☐ = ☐

☐ – ☐ = ☐

d)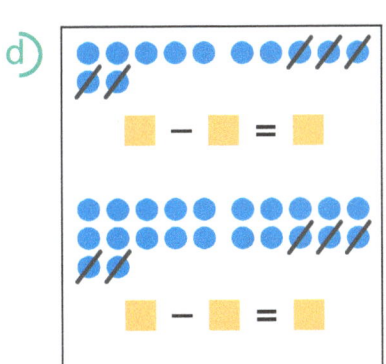
☐ – ☐ = ☐

☐ – ☐ = ☐

2 Schreibe zu den Punktebildern verwandte Aufgaben.

a)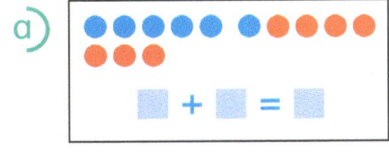
☐ + ☐ = ☐

☐ + ☐ = ☐

☐ + ☐ = ☐

b)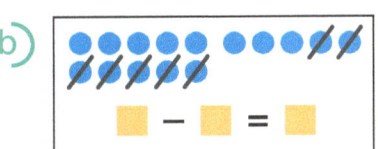
☐ – ☐ = ☐

☐ – ☐ = ☐

☐ – ☐ = ☐

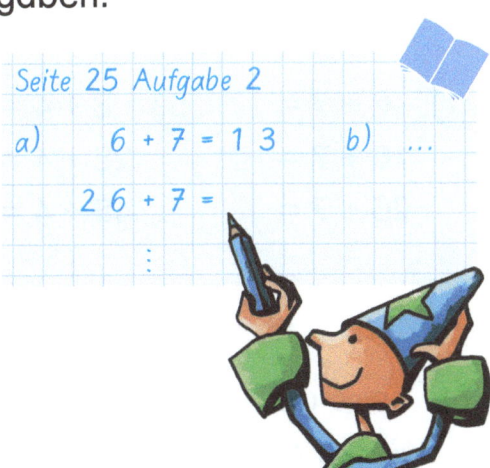

Seite 25 Aufgabe 2

a) 6 + 7 = 1 3   b) ...

   2 6 + 7 =

   ⋮

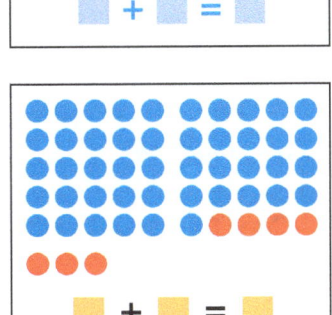

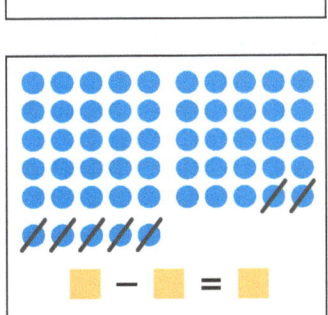

Verwandte Plus- und Minusaufgaben lösen

1 Löse die verwandten Aufgabenpaare und bilde selbst welche.

a) 7 + 6 = ▮
   37 + 6 = ▮

b) 9 + 4 = ▮
   49 + 4 = ▮

c) 4 + 8 = ▮
   74 + 8 = ▮

d) 7 + 7 = ▮
   57 + 7 = ▮

e) ▮ + ▮ = ▮
   ▮ + ▮ = ▮

f) ▮ + ▮ = ▮
   ▮ + ▮ = ▮

Seite 26 Aufgabe 1
a)   7 + 6 = 1 3   b) ...
      3 7 + 6 = 4 3

2 Löse die verwandten Aufgabenpaare und bilde selbst welche.

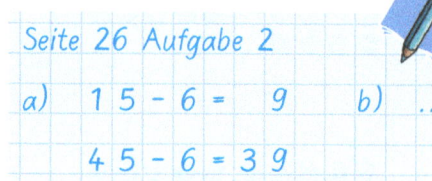

a) 15 − 6 = ▮
   45 − 6 = ▮

b) 11 − 4 = ▮
   81 − 4 = ▮

c) 13 − 5 = ▮
   33 − 5 = ▮

d) 15 − 8 = ▮
   65 − 8 = ▮

e) ▮ − ▮ = ▮
   ▮ − ▮ = ▮

f) ▮ − ▮ = ▮
   ▮ − ▮ = ▮

Seite 26 Aufgabe 2
a)   1 5 − 6 =   9   b) ...
     4 5 − 6 = 3 9

3 Löse die Aufgabenreihen mit verwandten Aufgaben.
Setze die Aufgabenreihen fort und bilde selbst welche.

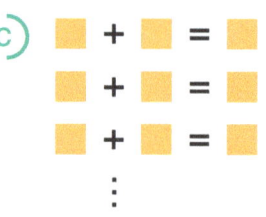

a) 6 + 7 = ▮
   16 + 7 = ▮
   26 + 7 = ▮
   ⋮

b) 8 + 4 = ▮
   28 + 4 = ▮
   48 + 4 = ▮
   ⋮

c) ▮ + ▮ = ▮
   ▮ + ▮ = ▮
   ▮ + ▮ = ▮
   ⋮

Seite 26 Aufgabe 3
a)   6 + 7 = 1 3   b) ...
      1 6 + 7 = ...
         ⋮

4 Löse die Aufgabenreihen mit verwandten Aufgaben.
Setze die Aufgabenreihen fort und bilde selbst welche.

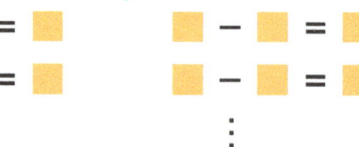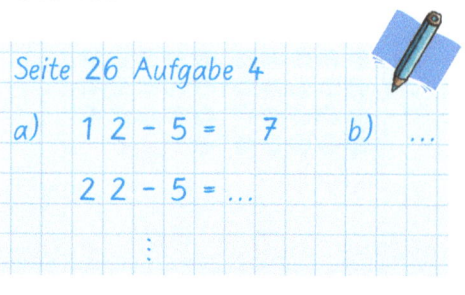

a) 12 − 5 = ▮
   22 − 5 = ▮
   32 − 5 = ▮
   ⋮

b) 11 − 6 = ▮
   31 − 6 = ▮
   51 − 6 = ▮
   ⋮

c) ▮ − ▮ = ▮
   ▮ − ▮ = ▮
   ▮ − ▮ = ▮
   ⋮

Seite 26 Aufgabe 4
a)   1 2 − 5 =   7   b) ...
     2 2 − 5 = ...
         ⋮

★ stellen Vermutungen über den Zusammenhang von verwandten Plus- und Minusaufgaben an und finden dazu Beispiele
★ übertragen ihre Fertigkeiten im schnellen Kopfrechnen auf verwandte Aufgaben im erweiterten Zahlenraum
★ erkennen Strukturen von Aufgabenreihen und setzen diese fort

Die kleine Aufgabe als Rechenhilfe nutzen

Ich rechne zuerst die kleine Aufgabe.

8 + 5 = 13
38 + 5 = 43

12 − 5 = 7
52 − 5 = 47

1 Suche und berechne zuerst die kleine Aufgabe.
Schreibe beide Aufgaben auf.

a) 38 + 5 = ▢

b) 45 + 7 = ▢

c) 76 + 8 = ▢

d) 74 + 7 = ▢

e) 86 + 6 = ▢

f) 64 + 8 = ▢

Seite 27 Aufgabe 1
a)   8 + 5 = 1 3   *b)   ...*
*   3 8 + 5 = 4 3*

2 Suche und berechne zuerst die kleine Aufgabe.
Schreibe beide Aufgaben auf.

a) 52 − 5 = ▢

b) 82 − 3 = ▢

c) 64 − 8 = ▢

d) 45 − 7 = ▢

e) 33 − 7 = ▢

f) 74 − 6 = ▢

Seite 27 Aufgabe 2
a) 1 2 − 5 =   7   *b)   ...*
*   5 2 − 5 = 4 7*

3 Berechne zuerst die kleine Aufgabe im Kopf.
Löse dann die Aufgabe.

a) 36 + 7 = ▢
38 + 8 = ▢
54 + 7 = ▢
69 + 2 = ▢

b) 72 + 9 = ▢
47 + 5 = ▢
29 + 8 = ▢
26 + 6 = ▢

Seite 27 Aufgabe 3
a) 3 6 + 7 = 4 3   *b)   ...*
6 + 7 = 13

4 Berechne zuerst die kleine Aufgabe im Kopf.
Löse dann die Aufgabe.

a) 71 − 8 = ▢
54 − 7 = ▢
38 − 9 = ▢
66 − 8 = ▢

b) 83 − 7 = ▢
45 − 6 = ▢
52 − 4 = ▢
74 − 5 = ▢

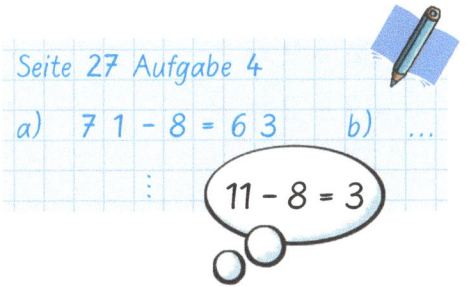

Seite 27 Aufgabe 4
a) 7 1 − 8 = 6 3   *b)   ...*
11 − 8 = 3

$36 + 9 = \blacksquare$

$6 + 9 = 15$
$36 + 9 = 45$

$36 + 4 = 40$
$40 + 5 = 45$

$36 + 10 = 46$
$46 - 1 = 45$

$6 + 9 = 15$, das weiß ich. Dann ist $36 + 9 = 45$.

Lena

Janek

Ich rechne zuerst bis zum nächsten Zehner: $36 + 4 = 40$. Dann muss ich noch 5 dazurechnen.

Mai-Lin

$36 + 10 = 46$, das ist einfach. Ich soll aber nur $+ 9$ rechnen. Also nehme ich 1 wieder weg.

Wie rechnest du?

 1 Wie rechnest du die Aufgabe $36 + 9$?
Vergleiche mit anderen Kindern.

2 Rechne mit deinem Rechenweg.

a) $36 + 9 = \blacksquare$
$43 + 8 = \blacksquare$
$54 + 7 = \blacksquare$
$69 + 2 = \blacksquare$
$27 + 5 = \blacksquare$
$84 + 8 = \blacksquare$

b) $72 + 9 = \blacksquare$
$47 + 5 = \blacksquare$
$29 + 8 = \blacksquare$
$86 + 6 = \blacksquare$
$63 + 9 = \blacksquare$
$35 + 7 = \blacksquare$

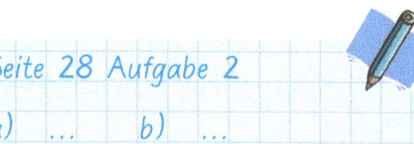

Seite 28 Aufgabe 2
a) ... b) ...

★ halten ihre Vorgehensweisen fest
★ präsentieren und begründen ihre Rechenwege und tauschen sich mit anderen aus
★ übertragen ihre Vorgehensweise auf weitere Aufgabenstellungen

Minusaufgaben mit dem eigenen Rechenweg lösen

$83 - 9 = \blacksquare$

$13 - 9 = 4$
$83 - 9 = 74$

$83 - 3 = 80$
$80 - 6 = 74$

$83 - 10 = 73$
$73 + 1 = 74$

Lena: $13 - 9 = 4$, das weiß ich. Dann ist $83 - 9 = 74$.

Janek: Ich rechne zuerst bis zum Zehner: $83 - 3 = 80$. Dann muss ich noch 6 wegnehmen.

Mai-Lin: $83 - 10 = 73$, das ist leicht. Ich soll aber nur $- 9$ rechnen. Also zähle ich wieder 1 dazu.

Wie rechnest du?

 **1** Wie rechnest du die Aufgabe $83 - 9$?
Vergleiche mit anderen Kindern.

2 Rechne mit deinem Rechenweg.

a)
$83 - 9 = \blacksquare$
$45 - 6 = \blacksquare$
$38 - 9 = \blacksquare$
$76 - 8 = \blacksquare$
$64 - 9 = \blacksquare$
$42 - 4 = \blacksquare$

b)
$71 - 8 = \blacksquare$
$54 - 7 = \blacksquare$
$92 - 4 = \blacksquare$
$34 - 5 = \blacksquare$
$83 - 6 = \blacksquare$
$31 - 5 = \blacksquare$

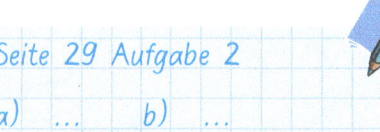

Seite 29 Aufgabe 2

a) ...   b) ...

★ halten ihre Vorgehensweisen fest
★ präsentieren und begründen ihre Rechenwege und tauschen sich mit anderen aus
★ übertragen ihre Vorgehensweise auf weitere Aufgabenstellungen

Plus- und Minusaufgaben üben (1)

1 Rechne mit deinem Rechenweg.

a)
28 + 4 = ◻
65 + 8 = ◻
43 + 9 = ◻
86 + 7 = ◻

b)
76 – 7 = ◻
51 – 3 = ◻
63 – 9 = ◻
82 – 5 = ◻

c)
69 + 3 = ◻
22 – 8 = ◻
36 + 6 = ◻
58 – 9 = ◻

d)
93 – 4 = ◻
54 + 8 = ◻
84 – 5 = ◻
78 + 7 = ◻

Seite 30 Aufgabe 1

a) 2 8 + 4 = 3 2   b) ...

2 Löse die Aufgaben. Richtige Ergebnisse findest du in den Sternen.

a)
39 + 4 = ◻
75 + 7 = ◻
52 + 9 = ◻
34 + 8 = ◻
67 + 4 = ◻
43 + 8 = ◻
85 + 6 = ◻
88 + 4 = ◻

b)
94 – 7 = ◻
62 – 3 = ◻
76 – 8 = ◻
81 – 4 = ◻
22 – 5 = ◻
46 – 8 = ◻
53 – 7 = ◻
77 – 8 = ◻

Seite 30 Aufgabe 2

a) 3 9 + 4 = 4 3   b) ...
7 5 + 7 = ...

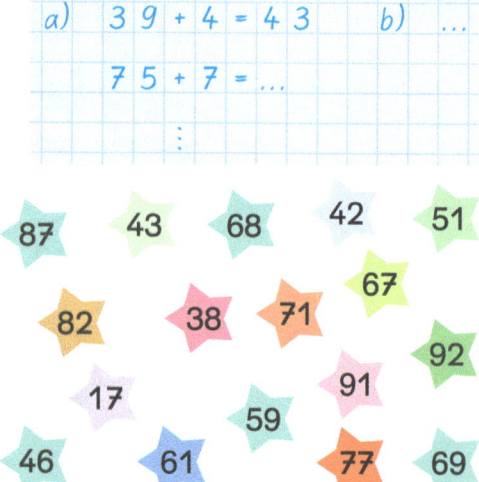

87 43 68 42 51
82 38 71 67
17 91 92
46 61 59 77 69

3 Schreibe die Aufgaben auf und löse sie.

a) **+7**

34	◻
57	◻
45	◻
◻	64
◻	93

Hier hilft die Umkehr-aufgabe.

b) **– 5**

51	◻
64	◻
72	◻
◻	88
◻	39

Seite 30 Aufgabe 3

a) 3 4 + 7 = 4 1   b) ...
5 7 + 7 = ...

*lösen Aufgaben unter Nutzung individuell bevorzugter Rechengesetze und Rechenstrategien

Plus- und Minusaufgaben üben (2)

1 Schreibe die Aufgaben und löse sie.

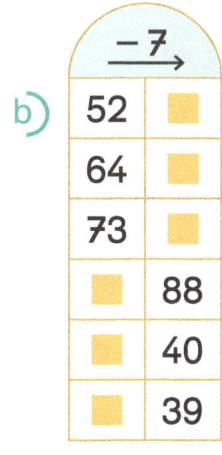

a)
+8	
28	▢
▢	42
45	▢
▢	84
63	▢
▢	61

b)
−7	
52	▢
64	▢
73	▢
▢	88
▢	40
▢	39

c)
−6	
54	▢
▢	68
23	▢
▢	35
91	▢
▢	76

Seite 31 Aufgabe 1

a) 2 8 + 8 = 3 6

     ⋮

b) ...

2 Schreibe die Aufgaben und löse sie.

a)
+	3	5	7	8	4
38	▢	▢	▢	▢	▢
47	▢	▢	▢	▢	▢
79	▢	▢	▢	▢	▢

b)
+	5	9	▢	▢	▢
65	▢	▢	72	▢	▢
86	▢	▢	▢	92	▢
78	▢	▢	▢	▢	86

Seite 31 Aufgabe 2

a) 3 8 + 3 = 4 1

     ⋮

b) ...

c)
−	6	2	4	7	9
52	▢	▢	▢	▢	▢
84	▢	▢	▢	▢	▢
46	▢	▢	▢	▢	▢

d)
−	7	8	▢	▢	▢
63	▢	▢	60	▢	▢
97	▢	▢	▢	92	▢
32	▢	▢	▢	▢	23

3 Rechne und bilde selbst solche Aufgabenpaare.

Ich weiß, warum das Ergebnis immer gleich ist.

a) 45 + 9 = ▢
   49 + 5 = ▢

b) 39 + 3 = ▢
   33 + 9 = ▢

c) 58 + 4 = ▢
   ▢ + ▢ = ▢

d) 37 + 6 = ▢
   ▢ + ▢ = ▢

e) ▢ + ▢ = ▢
   ▢ + ▢ = ▢

f) ▢ + ▢ = ▢
   ▢ + ▢ = ▢

Seite 31 Aufgabe 3

a) 4 5 + 9 = 5 4

     4 9 + 5 = 5 4

b) ...

1 Suche alleine oder mit einem anderen Kind jeweils 3 Zahlen, mit denen du eine Plusaufgabe und eine Minusaufgabe bilden kannst. Schreibe die Aufgaben auf.

2 Schreibe die passenden Plus- und Minusaufgaben auf.

a) $54 \underset{-8}{\overset{+8}{\rightleftarrows}}$ ▮

b) $36 \underset{-6}{\overset{+6}{\rightleftarrows}}$ ▮

c) $69 \underset{-3}{\overset{+3}{\rightleftarrows}}$ ▮

d) $81 \underset{+4}{\overset{-4}{\rightleftarrows}}$ ▮

e) $58 \underset{+9}{\overset{-9}{\rightleftarrows}}$ ▮

f) $75 \underset{+7}{\overset{-7}{\rightleftarrows}}$ ▮

Seite 32 Aufgabe 2

a) 5 4 + 8 = 6 2   b) ...
     6 2 − 8 = 5 4

3 Löse die Aufgaben.
Kontrolliere selbst mit Hilfe der Umkehraufgabe.

a) $27 + 5 =$ ▮
$84 + 8 =$ ▮
$43 + 9 =$ ▮
$25 + 7 =$ ▮
$45 + 6 =$ ▮
$59 + 8 =$ ▮

b) $58 + 6 =$ ▮
$37 + 8 =$ ▮
$76 + 5 =$ ▮
$49 + 4 =$ ▮
$68 + 9 =$ ▮
$83 + 8 =$ ▮

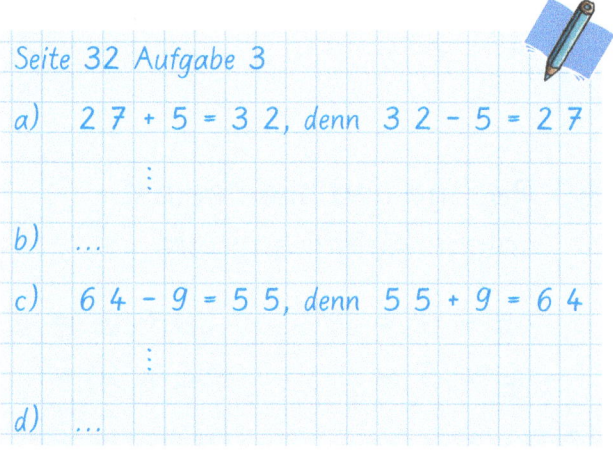

Seite 32 Aufgabe 3

a) 2 7 + 5 = 3 2, denn 3 2 − 5 = 2 7
         ⋮

b) ...

c) 6 4 − 9 = 5 5, denn 5 5 + 9 = 6 4
         ⋮

d) ...

c) $64 - 9 =$ ▮
$42 - 4 =$ ▮
$83 - 6 =$ ▮
$31 - 5 =$ ▮
$92 - 6 =$ ▮
$58 - 9 =$ ▮

d) $51 - 8 =$ ▮
$63 - 5 =$ ▮
$91 - 6 =$ ▮
$48 - 9 =$ ▮
$71 - 4 =$ ▮
$53 - 6 =$ ▮

★ nutzen die Umkehraufgabe zur Ergebniskontrolle
★ bearbeiten Aufgabenstellungen gemeinsam und tauschen sich mit anderen aus
★ erproben geschicktes Vorgehen, beschreiben und begründen ihre Vorgehensweise

→ AH Seiten 18 und 19

Plus- und Minusaufgaben lösen und kontrollieren (2)

1 Löse die Aufgaben. Kontrolliere selbst mit Hilfe der Umkehraufgabe.

a) $35 + 9 = \blacksquare$

$81 - 5 = \blacksquare$

$69 + 8 = \blacksquare$

$42 - 4 = \blacksquare$

b) $34 - 7 = \blacksquare$

$56 + 6 = \blacksquare$

$25 - 8 = \blacksquare$

$47 + 4 = \blacksquare$

> Seite 33 Aufgabe 1
>
> a) $3\,5 + 9 = 4\,4$, denn $4\,4 - 9 = 3\,5$
>
> $\vdots$
>
> b) ...

2 Kontrolliere die Aufgaben. Rechne dazu auch die Umkehraufgaben.

Tipp: 6 Aufgaben sind falsch.

a) $63 - 4 = 59$

$72 - 6 = 65$

$41 - 5 = 36$

$84 - 7 = 76$

b) $33 - 8 = 25$

$92 - 7 = 85$

$75 - 6 = 69$

$63 - 9 = 56$

c) $29 + 3 = 32$

$67 + 7 = 74$

$48 + 9 = 56$

$79 + 5 = 84$

d) $24 + 6 = 32$

$38 + 4 = 42$

$48 + 9 = 57$

$84 + 8 = 76$

> Seite 33 Aufgabe 2
>
> a) $6\,3 - 4 = 5\,9\,\checkmark$, denn $5\,9 + 4 = 6\,3$
>
> $7\,2 - 6 = 6\,5\,f$, denn $6\,5 + 6 = 7\,1$
>
> $\vdots$
>
> b) ...

3 Finde die Lösung mit Hilfe einer einzigen Rechnung.

a) $64 + 8 - 5 - 8 + 5 + 2 = \blacksquare$

b) $92 - 6 - 3 + 6 - 2 + 3 = \blacksquare$

c) $39 + 9 - 5 + 4 + 5 - 4 = \blacksquare$

d) $73 - 7 + 7 - 6 + 4 - 4 = \blacksquare$

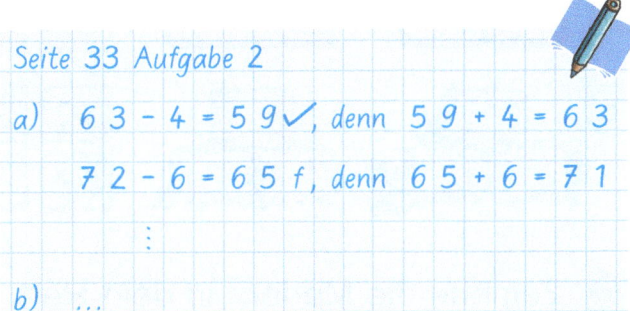

> Seite 33 Aufgabe 3
>
> a) $6\,4 + 2 = 6\,6$ b) ...

Ich rechne nur
$64 + 2 = 66$.

e) $56 + 7 - 3 - 7 + 3 + 5 = \blacksquare$

f) $72 - 8 - 5 + 8 - 7 + 5 = \blacksquare$

g) $29 + 8 - 3 + 4 + 3 - 8 = \blacksquare$

h) $76 - 9 + 9 - 6 + 7 - 7 = \blacksquare$

i) Besprich mit einem anderen Kind, wie du gerechnet hast.

★ nutzen die Umkehraufgabe zur Ergebniskontrolle
★ erproben geschicktes Vorgehen, beschreiben und begründen ihre Vorgehensweise

33

1 Zeichne die Mauern in dein Heft. Setze dort die Zahlen passend ein.
Es bleibt keine Zahl übrig.

a)

16	7	18
8	23	26

b)

56	68	76
63	8	7

c)

83	57	75
62	5	8

d)

42	31	34
27	8	4

Seite 34 Aufgabe 1

a)
```
    2 3
  1 6 7   ...
```

b) ...

2 Zeichne die Mauern in dein Heft. Setze dort die Zahlen passend ein.
Es bleibt keine Zahl übrig.

a)   b)   c)

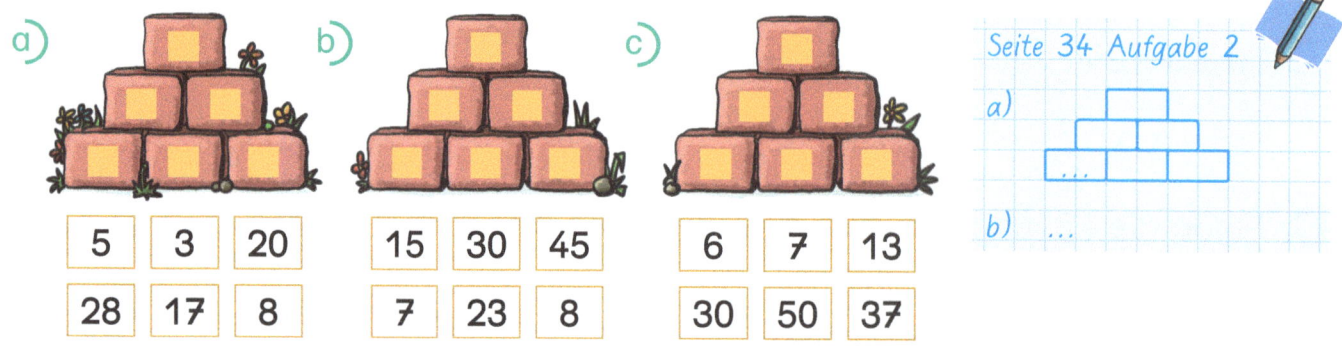

5	3	20
28	17	8

15	30	45
7	23	8

6	7	13
30	50	37

Seite 34 Aufgabe 2

a)
...

b) ...

3 Zeichne die Zahlenmauer in dein Heft. Setze passende Zahlen ein.
Einige Zahlen bleiben übrig.

7	2	3	54	56
1	59	66	3	4

Seite 34 Aufgabe 3

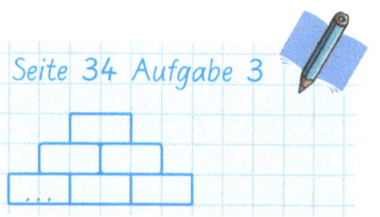

4 Baue eine eigene Zahlenmauer. Bestimme, wie viele Steine sie haben soll.
Zeichne sie in dein Heft. Setze passende Zahlen ein.
Stelle deine Zahlenmauer anderen Kindern vor.

  ∗ erkennen und nutzen die Struktur von Zahlenmauern
∗ nutzen Rechenstrategien im Zahlenraum bis 100

Zahlenmauern bauen (2)

1 Zeichne die Zahlenmauern von Lea und Tim in dein Heft und löse sie. Besprich mit einem anderen Kind, was du entdeckt hast.

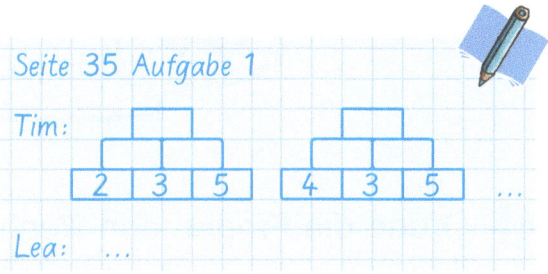

2 Baue solche Zahlenmauern: 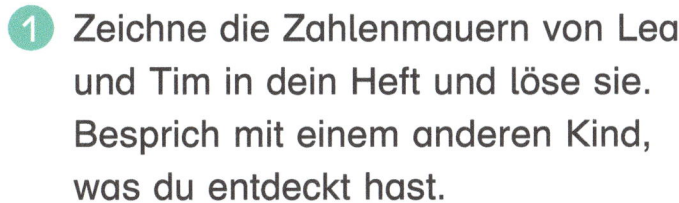 Verwende die Zahlen 3 4 5 6 . Baue die Zahlenmauern so, dass

a) die Zahl im Zielstein möglichst groß ist.

b) die Zahl im Zielstein möglichst klein ist.

c) die Zahl im Zielstein genau 36 ist.

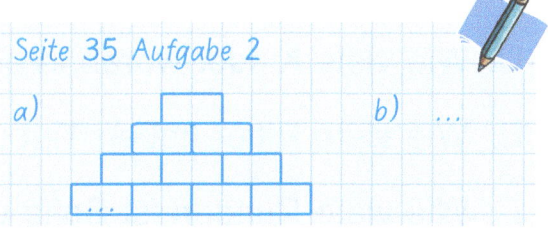

d) Besprich mit einem anderen Kind, wie du vorgegangen bist.

3 Zeichne die Zahlenmauern von Tim und Lea.

Im Zielstein die 100 – drei gleiche Basissteine

In den Basissteinen nur Zehnerzahlen – im Zielstein 90

★ erkennen und nutzen die Struktur von Zahlenmauern
★ probieren zunehmend systematisch
★ stellen Vermutungen über Zusammenhänge an und begründen diese

35

Gestern habe ich mit Paul gespielt.
Wir haben beide unsere Ritterfiguren mitgebracht.
Ich habe 14 Ritter und Paul hat 9 Ritter.

Ich war gestern auf dem Sportplatz.
Ich bin 5 Runden zusammen mit Sofie
gelaufen und dann noch 2 alleine.

Ich war beim Fußball-Training.
Wir haben in 4 Gruppen Übungen gemacht.
In jeder Gruppe waren 2 Spieler und 1 Torwart.

1 Ordne die Fragen den Rechengeschichten von Tim, Meral und Janek zu.

A: Wie viele Runden ist Meral gelaufen?

B: Wie viele Ritter hat Paul?

C: Wie viele Kinder waren beim Fußball-Training?

D: Wie viele Kinder waren in einer Gruppe?

E: Wie viele Ritter haben Tim und Paul zusammen?

F: Wie viele Runden ist Sofie weniger gelaufen als Meral?

G: Wie viele Ritter hat Tim mehr als Paul?

H: Wie viele Torwarte waren es?

Seite 36 Aufgabe 1
Tim: E, ...
Meral: A, ...
Janek: ...

2 Schreibe zu jeder Rechengeschichte
eine eigene Frage.

Seite 36 Aufgabe 2
Tim: ...
Meral: ...
Janek: ...

* entnehmen kleinen Texten relevante Informationen
* formulieren zu vorgegebenen Texten (Rechengeschichten) eigene mathematische Fragen

Fragen zuordnen

Max hat 17 Monsterkarten.
Tobi hat nur 9 Monsterkarten.

Lena hat 20 Pferdefiguren.
Sie hat 10 mehr als Maja.

Paul hat 6 Tiersticker mehr als Sofie.
Sofie hat 19 Tiersticker.

1 Ordne die Fragen den Rechengeschichten zu.
Schreibe die Ergebniszahlen auf.

a) A: Wie viele Monsterkarten hat Max?

B: Wie viele Pferdefiguren hat Lena?

C: Wie viele Tiersticker hat Sofie?

D: Wie viele Monsterkarten hat Tobi?

E: Wie viele Tiersticker hat Paul mehr als Sofie?

Seite 37 Aufgabe 1

a)   A → Blau, 1 7   b) ...

B → Grün, 2 0

⋮

b) F: Wie viele Monsterkarten haben Max und Tobi zusammen?

G: Wie viele Tiersticker hat Paul?

H: Wie viele Pferdefiguren hat Maja?

I: Wie viele Pferdefiguren haben Maja und Lena zusammen?

K: Wie viele Tiersticker hat Sofie weniger als Paul?

c) L: Wie viele Monsterkarten muss Max Tobi schenken,
damit sie gleich viele haben?

M: Wie viele Tiersticker muss Paul Sofie schenken,
damit sie gleich viele haben?

N: Wie viele Pferdefiguren muss Lena Maja schenken,
damit sie gleich viele haben?

2 Finde zu der Ergebniszahl ☐ 10 ☐
zwei passende Fragen.

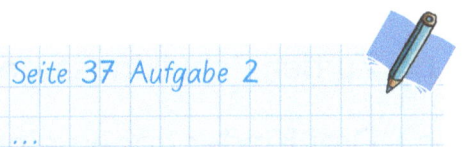

Seite 37 Aufgabe 2

...

→ AH Seite 20

∗ entnehmen kleinen Texten relevante Informationen
∗ ordnen den Rechengeschichten Fragen und Ergebnisse zu

Fragen und Antworten finden

1 Ordne die **F**ragen
und **A**ntworten passend zu.

Seite 38 Aufgabe 1

F 1 – A 3, …

F1 Wie viele Kinder stehen am Sprungbrett?

F2 Wie spät ist es?

F3 Wie viele Kinder sitzen auf der Bank?

F4 Wie viele Vogelbilder sind am Fenster?

A1 Auf der Bank sitzen 7 Kinder.

A2 Am Fenster sind 5 Vogelbilder.

A3 Am Sprung-brett stehen 3 Kinder.

A4 Es ist 10 Uhr.

2 Schreibe Antworten zu den Fragen.

a) Wie viele Handtücher liegen auf der Bank?

b) Wie viele Kinder sind im Schwimmbecken?

c) Wie viele Kinder sitzen am Beckenrand?

Seite 38 Aufgabe 2

a) Auf der Bank …

b) …

3 Schreibe Fragen zu den Antworten.

a) Drei Kinder haben einen Schwimmring.

b) Zu der Schulklasse gehören 24 Kinder.

c) Drei Kinder tragen eine Bademütze.

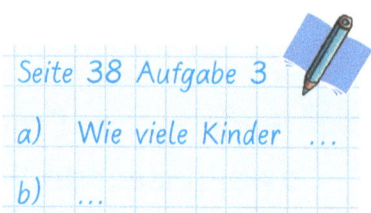

Seite 38 Aufgabe 3

a) Wie viele Kinder …

b) …

∗ formulieren zu einer Bildsachsituation mathematische Fragen
und Antworten oder ordnen diese einander passend zu

Die passende Antwort finden

1 Wähle die zur Frage passende Antwort aus.

a) An der Bushaltestelle stehen 23 Kinder.
7 davon steigen in den ersten Bus ein.

F: Wie viele Kinder stehen dann noch da?

R: 23 − 7 = 16

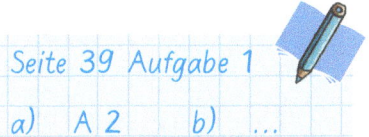

A1 | An der Bushaltestelle steigen 7 Kinder ein.

A2 | Es stehen noch 16 Kinder an der Bushaltestelle.

A3 | Im Bus sitzen jetzt 23 Kinder.

b) Lea und Anne sammeln Schneckenhäuser.
Lea hat 23 Schneckenhäuser, Anne hat 5 mehr als Lea.

F: Wie viele Schneckenhäuser hat Anne?

R: 23 + 5 = 28

A1 | Lea hat 23 Schneckenhäuser.

A2 | Zusammen haben sie 28 Schneckenhäuser.

A3 | Anne hat 28 Schneckenhäuser.

2 Schreibe eine passende Antwort zur Frage.

a) Im Bus sitzen 24 Kinder.
6 davon steigen an der Haltestelle aus.

F: Wie viele Kinder sitzen dann noch im Bus?

R: 24 − 6 = 18

b) Max und Tim sammeln Sticker.
Max hat 32 Sticker, Tim hat 6 mehr als Max.

F: Wie viele Sticker hat Tim?

R: 32 + 6 = 38

→ AH Seite 21

* formulieren zu einfachen Sachsituationen Fragen, Rechnungen und passende Antwortsätze
* stellen Vermutungen über mathematische Zusammenhänge an und überprüfen diese

Rechengeschichte, Frage, Rechnung, Antwort zuordnen

1 Ordne jeder Rechengeschichte die passende Frage, Rechnung und Antwort zu.

Seite 40 Aufgabe 1

G 1 / F 3 / R 2 / A 4

...

Rechengeschichten (G):

G1 Beim Dosenwerfen stehen 15 Dosen übereinander. Tim hat 7 getroffen.

G2 Beim Sackhüpfen warten 7 Kinder, bis sie an der Reihe sind. Nun kommen noch 5 Kinder dazu.

G3 Von 52 Losen wurden erst 7 Lose verkauft.

G4 Am Ende des Spieletags sollen 33 Luftballons losfliegen. 9 sind schon mit Gas gefüllt.

Fragen (F):

F1 Wie viele Luftballons müssen noch mit Gas gefüllt werden?

F2 Wie viele Kinder stehen nun beim Sackhüpfen an?

F3 Wie viele Dosen stehen noch?

F4 Wie viele Lose sind noch übrig?

Rechnungen (R):

R1 $52 - 7 = 45$ **R2** $15 - 7 = 8$ **R3** $33 - 9 = 24$ **R4** $7 + 5 = 12$

Antworten (A):

A1 Nun stehen 12 Kinder beim Sackhüpfen an.

A2 Es müssen noch 24 Luftballons mit Gas gefüllt werden.

A3 45 Lose sind noch übrig.

A4 8 Dosen stehen noch.

★ entnehmen kleinen Texten relevante Informationen
★ stellen Vermutungen über mathematische Zusammenhänge an und überprüfen diese

Rechengeschichten, Fragen, Rechnungen und Antworten finden

1 Finde zu jeder Rechengeschichte eine Frage,
die Rechnung und die Antwort.

a) Tim ist 8 Jahre alt.
Seine Mutter ist 33 Jahre alt.

b) Tom hat 27 Fußballbilder.
Paul schenkt ihm noch
5 Fußballbilder.

c) Lena hat eine Perlenkette mit 63 Perlen.
Leider ist sie gerissen.
6 Perlen sind verloren gegangen.

> Seite 41 Aufgabe 1
>
> a)　F : Wie viele Jahre älter
> 　　　　　ist die Mutter?
> 　　　R : ...
> 　　　A : ...
> b)　...

2 Schreibe zu jeder Rechnung eine Rechengeschichte und eine Frage.

a) 25 + 7 = 32　　　　b) 53 − 6 = 47

> Seite 41 Aufgabe 2
>
> a)　G : ...
> 　　　F : ...
> b)　...

3 Schreibe zu jeder Antwort eine Rechengeschichte und eine Frage.

a) Jetzt hat sie 32 Tierpostkarten.

b) 5 Kinder sind ausgestiegen.

c) Ich muss noch 47 Seiten lesen.

> Seite 41 Aufgabe 3
>
> a)　G : ...
> 　　　F : ...
> b)　...

4 Schreibe zu jeder Frage eine Rechengeschichte.

a) Wie viele hat Lisa mehr als Anne?

b) Wie viele braucht Tim noch?

c) Wie alt ist der Vater?

> Seite 41 Aufgabe 4
>
> a)　G : ...
> b)　...

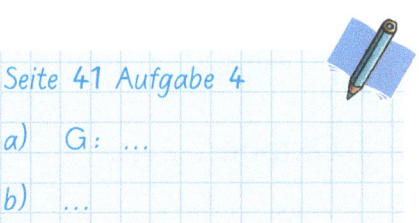

★ formulieren zu einfachen Sachsituationen je eine mathematische Frage, die Rechung und die Antwort
★ formulieren zu Gleichungen, zu Fragestellungen oder zu vorgegebenen Antworten Rechengeschichten

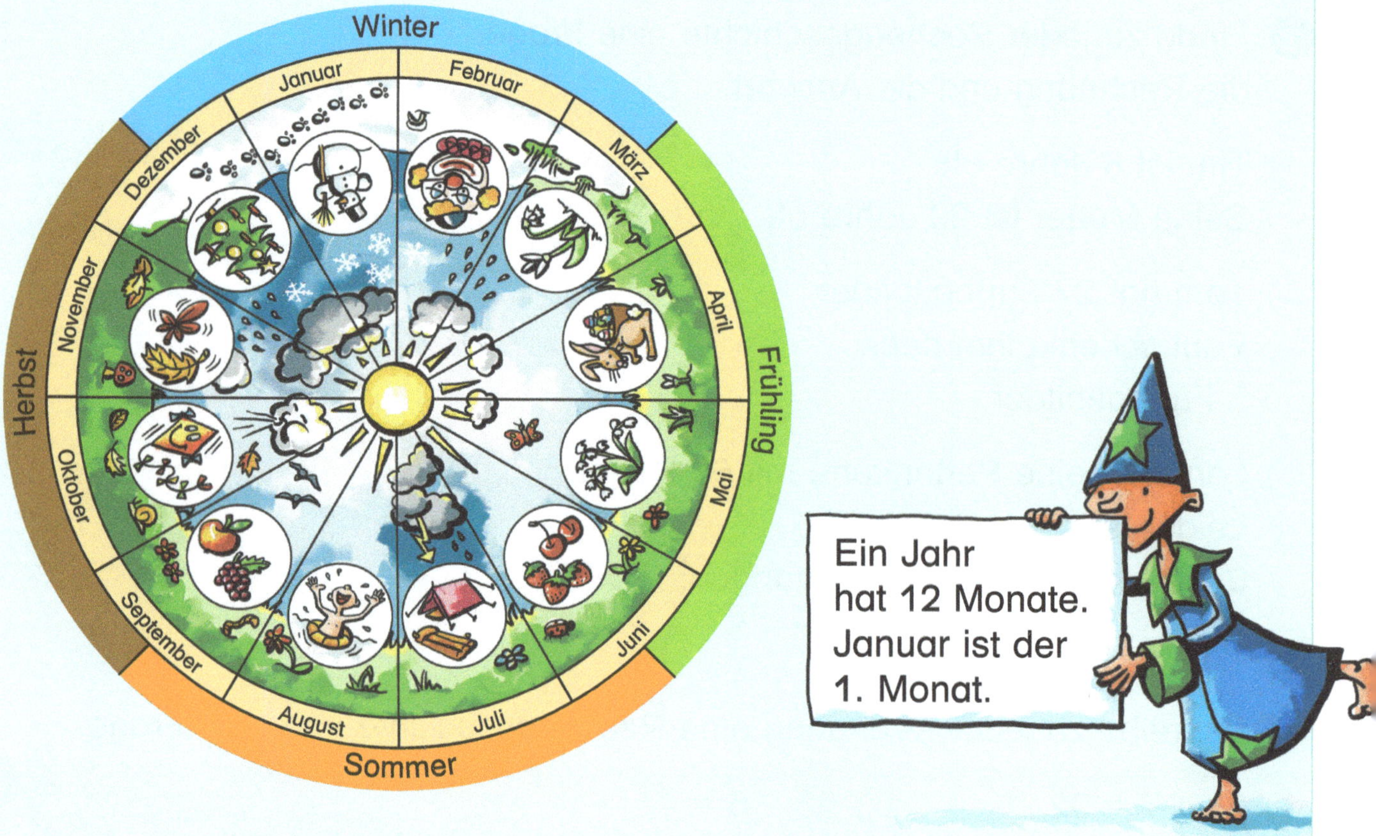

Winter

Januar Februar

Dezember

März

November

April

Herbst Frühling

Oktober

Mai

September

Juni

August Juli

Sommer

Ein Jahr
hat 12 Monate.
Januar ist der
1. Monat.

1 Lies die richtige Reihenfolge der Monate am Jahreskreis ab und schreibe sie auf.

Seite 42 Aufgabe 1

1. Monat: Januar

2. Monat: Februar

⋮

2 Welche Monate gehören zum Frühling, Sommer, Herbst und Winter?

Seite 42 Aufgabe 2

Frühling: März, …

Sommer: …

⋮

3 Schreibe die Monate und ihre Nachbarmonate in dein Heft.

a) …, März, …

b) …, Juli, …

c) Oktober, …, …

d) …, …, Mai

Seite 42 Aufgabe 3

a) Februar, März, April

b) …

★ verwenden die Zeitspannen „Monat" und „Jahreszeit" und setzen sie in Beziehung zueinander
★ verwenden die Monate in ihrer richtigen Reihenfolge und ordnen sie den Jahreszeiten zu

Die unterschiedliche Dauer der Monate feststellen

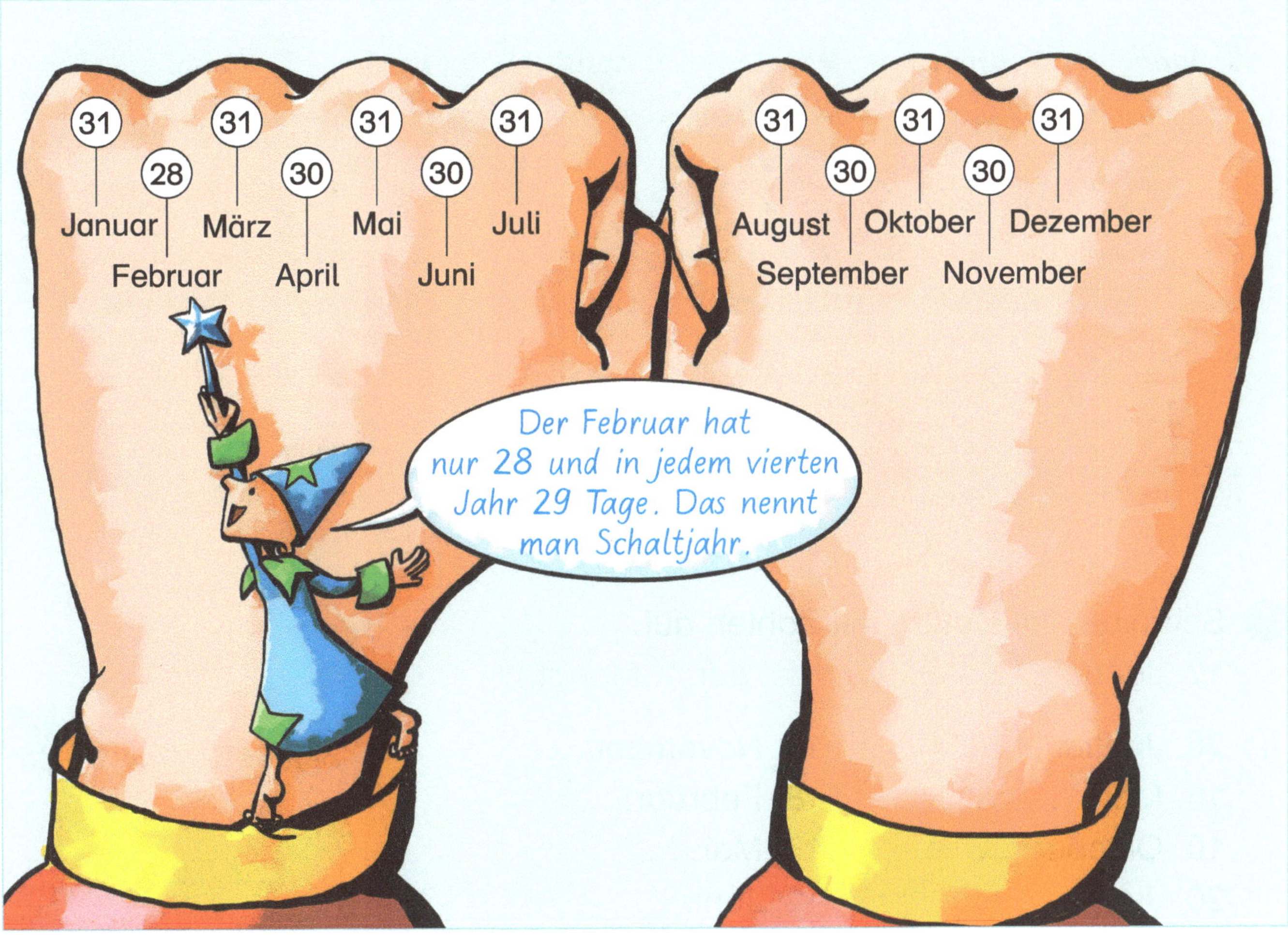

31 31 31 31   31 31 31
28 30 30   30 30
Januar März Mai Juli   August Oktober Dezember
Februar April Juni   September November

> Der Februar hat nur 28 und in jedem vierten Jahr 29 Tage. Das nennt man Schaltjahr.

1 Die Monate haben 30, 31 oder 28 Tage. Mit deinen beiden Fäusten kannst du dir merken, wie viele Tage die Monate haben:
Berg – 31 Tage, Tal – 30 Tage (Ausnahme: Februar).

a) Schreibe alle Monate mit 30 Tagen auf.

b) Schreibe alle Monate mit 31 Tagen auf.

c) Wie viele Tage hat der Februar?

d) Wie heißen die Jahre, in denen der Februar 29 Tage hat?

Seite 43 Aufgabe 1
a)   April, ...
b)   Januar, ...
c)   Februar: ... Tage
d)   Diese Jahre heißen ...

2 Schreibe in dein Heft, wie viele Tage die Monate haben.

Seite 43 Aufgabe 2
Januar: 31 Tage
Februar: ...
⋮

★ übertragen eine Darstellung in eine andere
★ erkennen und erklären Beziehungen und Gesetzmäßigkeiten der Monatsstrukturen anhand eines Anschauungsmodells

Das Datum aufschreiben

Januar	Februar	März	April	Mai	Juni
(1. Monat)	(2. Monat)	(3. Monat)	(4. Monat)	(5. Monat)	(6. Monat)
Mo 03 10 17 24 31	Mo 07 14 21 28	Mo 07 14 21 28	Mo 04 11 18 25	Mo 02 09 16 23 30	Mo 06 13 20 27
Di 04 11 18 25	Di 01 08 15 22	Di 01 08 15 22 29	Di 05 12 19 26	Di 03 10 17 24 31	Di 07 14 21 28
Mi 05 12 19 26	Mi 02 09 16 23	Mi 02 09 16 23 30	Mi 06 13 20 27	Mi 04 11 18 25	Mi 01 08 15 22 29
Do 06 13 20 27	Do 03 10 17 24	Do 03 10 17 24 31	Do 07 14 21 28	Do 05 12 19 26	Do 02 09 16 23 30
Fr 07 14 21 28	Fr 04 11 18 25	Fr 04 11 18 25	Fr 01 08 15 22 29	Fr 06 13 20 27	Fr 03 10 17 24
Sa 01 08 15 22 29	Sa 05 12 19 26	Sa 05 12 19 26	Sa 02 09 16 23 30	Sa 07 14 21 28	Sa 04 11 18 25
So 02 09 16 23 30	So 06 13 20 27	So 06 13 20 27	So 03 10 17 24	So 01 08 15 22 29	So 05 12 19 26

Juli	August	September	Oktober	November	Dezember
(7. Monat)	(8. Monat)	(9. Monat)	(10. Monat)	(11. Monat)	(12. Monat)
Mo 04 11 18 25	Mo 01 08 15 22 29	Mo 05 12 19 26	Mo 03 10 17 24 31	Mo 07 14 21 28	Mo 05 12 19 26
Di 05 12 19 26	Di 02 09 16 23 30	Di 06 13 20 27	Di 04 11 18 25	Di 01 08 15 22 29	Di 06 13 20 27
Mi 06 13 20 27	Mi 03 10 17 24 31	Mi 07 14 21 28	Mi 05 12 19 26	Mi 02 09 16 23 30	Mi 07 14 21 28
Do 07 14 21 28	Do 04 11 18 25	Do 01 08 15 22 29	Do 06 13 20 27	Do 03 10 17 24	Do 01 08 15 22 29
Fr 01 08 15 22 29	Fr 05 12 19 26	Fr 02 09 16 23 30	Fr 07 14 21 28	Fr 04 11 18 25	Fr 02 09 16 23 30
Sa 02 09 16 23 30	Sa 06 13 20 27	Sa 03 10 17 24	Sa 01 08 15 22 29	Sa 05 12 19 26	Sa 03 10 17 24 31
So 03 10 17 24 31	So 07 14 21 28	So 04 11 18 25	So 02 09 16 23 30	So 06 13 20 27	So 04 11 18 25

1 Schreibe das Datum mit Zahlen auf.

12. Januar: 12.1. (Januar ist der 1. Monat.)

a) 26. Januar: …   b) 13. November: …
15. März: …   18. Februar: …
10. Oktober: …   17. Mai: …
20. Juli: …   12. Juni: …
15. September: …   18. Dezember: …
28. August: …   25. April: …

Seite 44 Aufgabe 1
a) 2 6. Januar: 2 6.1.
*   1 5. März: …*
*   ⋮*
b) …

2 Schreibe den Monatsnamen als Wort.

17.5.: 17. Mai (Der 5. Monat ist Mai.)

a) 8.1.: …   b) 9.12.: …   c) 14.2.: …
6.7.: …   18.9.: …   20.5.: …
13.4.: …   21.11.: …   16.8.: …
15.3.: …   23.10.: …   10.6.: …

Seite 44 Aufgabe 2
a) 8.1.: 8. Januar
*   ⋮*
b) …

3 Betrachte verschiedene Kalender für dieses Jahr.
Suche das Datum für folgende Tage.

a) Muttertag   b) 1. Advent   c) Heiliger Abend

d) Rosenmontag e) Ostersonntag f) Nikolaustag

Seite 44 Aufgabe 3
a) Muttertag: …
b) …

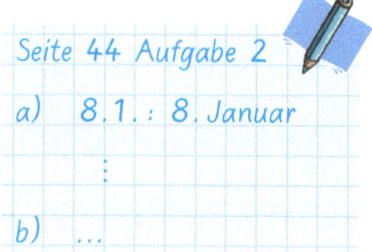

★ stellen Datumsangaben in unterschiedlichen Schreibweisen dar
★ übertragen eine Schreibweise in eine andere

Mit Wochentagen, Monaten und dem Datum umgehen

1 Ein Jahr hat 12 Monate.
Schreibe die Monatsnamen in der richtigen Reihenfolge auf.

Januar August Oktober Mai April September Dezember Juni Juli März November Februar

Seite 45 Aufgabe 1

Januar, Februar, ...

2 Eine Woche hat 7 Tage.
Schreibe die Wochentage in der richtigen Reihenfolge auf.

Montag Samstag Mittwoch Freitag Donnerstag Sonntag Dienstag

Seite 45 Aufgabe 2

Montag, Dienstag, ...

3 Suche im Kalender den passenden Wochentag.

a) 22. Januar: ...   b) 10. Februar: ...

c) 21. März: ...   d) 7. November: ...

e) 13.4.: ...   f) 13.5.: ...

g) 3.8.: ...   h) 23.2.: ...

Seite 45 Aufgabe 3

a) 22. Januar: ...

b) ...

4 Vervollständige die Sätze.
Beispiel: Heute ist Montag, der 28. November.

a) Heute ist ...   b) Morgen ist ...

c) Gestern war ...   d) Übermorgen ist ...

e) Vorgestern war ...   f) In 3 Wochen ist ...

g) In 4 Tagen ist ...   h) In einer Woche ist ...

Seite 45 Aufgabe 4

a) Heute ist ..., der ...

b) ...

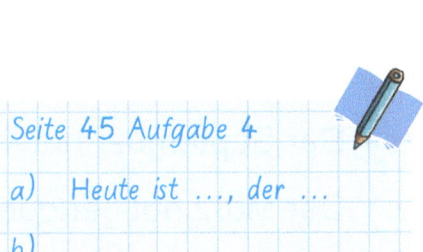

★ orientieren sich innerhalb der Zeitspannen „Jahr", „Monat", „Woche" im Kalender
★ verwenden geeignete Fachbegriffe

1 Schreibe das Datum auf zwei Arten auf.

a)

18. Mai	8. März	28. November	6. Juli

6. Dezember	10. Juni	12. September

Seite 46 Aufgabe 1

a) 18.5., …

b) 17. März, …

b)

17.3.	21.1.	4.2.	25.6.

7.4.	16.8.	9.10.

2 Suche die Tage im Kalender und schreibe das Datum auf.

a)
- Martinstag
- Muttertag
- Sommeranfang
- Neujahr
- 4. Advent
- Erntedankfest
- Winteranfang

b)
- erster Samstag im Mai
- zweiter Dienstag im März
- dritter Montag im April
- erster Sonntag im Dezember
- erster Mittwoch im Januar
- vierter Freitag im August
- zweiter Donnerstag im Juni

Seite 46 Aufgabe 2

a) …   b) …

3 Prüfe im Kalender und schreibe in dein Heft,
ob die Aussage richtig oder falsch ist.

a) Ostern ist am Sonntag und Montag.

b) Der Mai hat 5 Samstage.

c) Der erste Tag im Oktober ist ein Montag.

d) Der September hat 4 Montage.

e) Der März hat genauso viele Tage wie der Mai.

f) Der 8. Oktober ist ein Montag.

g) Der 25. Dezember ist ein Feiertag.

Seite 46 Aufgabe 3

a) richtig   b) …

★ stellen Datumsangaben in unterschiedlichen Schreibweisen dar
★ übertragen eine Schreibweise in eine andere

Mit Monaten, Wochen und Tagen rechnen

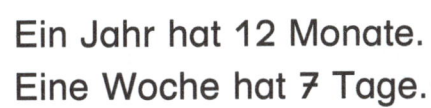

Ein Jahr hat 12 Monate.
Eine Woche hat 7 Tage.

1 Übertrage die Zeitangaben in Monate.

a) 1 Jahr

   1 Jahr 4 Monate

   1 Jahr 6 Monate

   1 Jahr 8 Monate

b) 2 Jahre

   2 Jahre 3 Monate

   2 Jahre 9 Monate

   2 Jahre 7 Monate

Seite 47 Aufgabe 1

a) 12 Monate   b) ...

     :

2 Übertrage die Zeitangaben in Tage.

a) 1 Woche

   2 Wochen

   3 Wochen

   4 Wochen

b) 1 Woche 2 Tage

   1 Woche 5 Tage

   2 Wochen 6 Tage

   3 Wochen 4 Tage

Seite 47 Aufgabe 2

a) 7 Tage   b) ...

     :

3 Übertrage die Zeitangaben in Wochen und Tage
oder in Jahre und Monate.

a) 13 Tage

   15 Tage

    8 Tage

   12 Tage

b) 14 Monate

   27 Monate

   18 Monate

   20 Monate

Seite 47 Aufgabe 3

a) 1 Woche 6 Tage   b) ...

     :

4 Schreibe die Zeitangabe auf, die am längsten dauert.

a) 2 Wochen, 15 Tage, 1 Woche 6 Tage

b) 22 Tage, 3 Wochen, 2 Wochen 5 Tage

c) 1 Jahr, 1 Jahr 5 Monate, 18 Monate

d) 20 Monate, 2 Jahre, 1 Jahr 11 Monate

Seite 47 Aufgabe 4

a) 15 Tage   b) ...

1 Schreibe zu den Rechengeschichten die Fragen, Rechnungen und Antworten in dein Heft.

a) Lenas kleiner Bruder ist 1 Jahr und 8 Monate alt. Tims Bruder ist 19 Monate alt.

F: Wer ist älter?

Seite 48 Aufgabe 1
a)   F: Wer ist älter?
*   R: ...*
*   A: ...*
b) ...

b) Lisa erzählt: „Ich bin 2 Wochen und 4 Tage im Urlaub. Die Hälfte von diesem Urlaub ist meine Freundin Maja dabei.

F: Wie viele Tage sind Lisa und Maja im Urlaub zusammen?

c) Lena fuhr am 19. April zu ihrer Oma. Am 23. April war sie wieder zu Hause.

F: Wie lange war Lena bei ihrer Oma?

2 Schreibe die Sätze mit den richtigen Ergänzungen in dein Heft.

Heute ist Dienstag. Patrick geht in zwei Tagen zum Sportfest. Seit einer Woche hat Julia eine Maus. Vor fünf Tagen war Lea im Kino.

a) Setze die richtigen Wochentage ein.

Patrick geht am ... zum Sportfest.

Julia hat am ... die Maus bekommen.

Lea war am ... im Kino.

Seite 48 Aufgabe 2
a)   Patrick geht am ...
*   :*
b) ...

b) Schreibe die Sätze aus a) zum heutigen Tag auf. Finde die richtigen Wochentage.

* rechnen mit Größen beim Umwandeln in eine andere Zeiteinheit   → AH Seite 23